最新改訂版

현대 일본

사정과 문화

現代日本事情と文化

●● 신경호 지음

BM 성안당

はしがき

　グローバル化にともない、人間に体感する時空は縮み、社会も予想外のスピードで変化しつつあり、人は越境していきます。特に東アジアは狭くなると同時に、いろいろな分野において交流と融合が進み、さまざまな形で影響を及ぼしています。21世紀は、東アジアが世界をリードする時代になります。もちろん、世界各国から日本語学習のために日本に集まる留学生の数は増え、その日本語学習に関する熱意も次第に高まりつつあります。

　さらに日本語教育を巡る環境も目まぐるしく変わって来ました。そこで今回、最近のデータに基づいて日本の伝統文化だけではなく、日本の社会、生活、または日本の姿と心、大衆文化についても学び、それに十分に応えうる高度な日本語の理解および運用能力を身につけることを目的に本書を刊行致しました。今では国内・海外においても日本事情を紹介する本は少なくありません。しかし、日本語学習者の立場に立った「現代日本事情と文化」の書籍は少ないと言わざるを得ません。

　本書は、日本語を勉強する方々の日本の事情と大衆文化に対する知識不足への不安を少しでも解消し、実りある授業を受ける一助になればとの願いを込めたものです。特に、日本伝統文化を始め、現代の日本と日本人の実態、大衆文化を体系的に解説することに意を尽くしました。

　本書が、日本語学習者の良いパートナーとして、日本語を理解することができ、両国の交流に多少なりともお役に立てれば幸いです。

　最後に本書を出版するに当たり、ご尽力くださった湯川嘉彦、劉哲宗、金永曛先生および、日本語の諸先生方、さらに出版の機会を与えてくださった성안당の李鍾春会長、具本喆部長に心からお礼申し上げます。

2014年4月

申景浩

目次

UNIT 1　日本の年中行事　　　8
1. 日本の祝日　　　8
2. 日本の年中行事　　　12

UNIT 2　日本の気候　　　27
1. 日本の気候　　　27
2. 日本の自然災害　　　32

UNIT 3　日本人の生活　　　40
1. 衣　　　40
2. 食　　　43
3. 住　　　46
4. 日本の通勤事情　　　52

UNIT 4　日本の文化　　　55
1. 伝統文化　　　55
2. 現代文化　　　63
3. 大衆文化　　　69
　　① Ｊポップ　　　69
　　② 漫画・アニメ・ゲーム　　　79

UNIT 5　日本の教育　　　86

UNIT 6 日本の宗教 ... 91

UNIT 7 日本の歴史 ... 95
1. 日本のあけぼの ... 95
2. 鎌倉・室町時代 ... 97
3. 江戸時代 ... 99
4. 近代社会（明治時代から現在） ... 101

UNIT 8 日本の地域社会 ... 104

UNIT 9 日本の都市社会 ... 109

UNIT 10 日本の会社 ... 114
1. バブル期以前 ... 114
2. バブル期以後 ... 117
3. 日本企業で働く ... 118

UNIT 11 日本の政治 ... 122
1. 現代の日本の政治 ... 122
2. 明治維新 ... 127
3. 戦後政治と長期保守党政権 ... 129

UNIT 12 日本の経済   133

1. 経済復興期   133
2. 高度成長期   134
3. 高度成長の弊害   135
4. ２度のオイルショック   137
5. 貿易摩擦   137
6. 現在の日本経済   139
7. バブル経済の原因と
    バブル経済崩壊の原因   140

UNIT 13 日本の産業   144

1. 日本の農業   145
2. 日本の漁業   151
3. 日本の林業   157
4. 日本の工業   164

UNIT 14 日本のスポーツ   173

1. 野球   173
2. バレーボール   175
3. サッカー   177
4. 駅伝・マラソン   178
5. 相撲   179
6. 柔道   180

UNIT 15 **日本の科学技術の現状** 182

1. 日本の科学技術の水準 182
2. 日本の技術貿易 188
3. ノーベル賞とフィールズ賞 190
4. 科学への関心 199

附録 1 **外国人留学生が見た日本** 204

1. 日本人と中国人 204
2. 日本の銭湯文化 208
3. 日本人と付き合う 209
4. 日本に来て感じたこと 211
5. 野球を通じて学んだこと 214
6. 私の目に映る日本のいろいろ 217
7. 私が見た日本 220
8. 日本の生活での理不尽なこと 223

附録 2 **年表** 226

Unit 01 | 日本の年中行事

1 日本の祝日（しゅくじつ）

　1948年、旧来（きゅうらい）の「祝日[1]（しゅくじつ）大祭日（だいさいじつ）」に代わり、「国民の祝日に関する法律（ほうりつ）」が制定（せいてい）され、元日[2]（がんじつ）(1月1日)、成人の日(1月15日、現在は1月の第2月曜日)、春分の日(春分日)、天皇誕生日[3]（てんのうたんじょうび）(4月29日、現在は12月23日)、憲法記念日[4]（けんぽうきねんび）(5月3日)、こどもの日(5月5日)、秋分の日（しゅうぶん）(秋分日)、文化の日(11月3日)、勤労感謝[5]（きんろうかんしゃ）の日(11月23日)の9日を祝日とした。

　その後、建国記念の日（けんこく）(2月11日)、敬老の日[6]（けいろう）(9月15日)、体育の日（たいいく）(10月10日、現在は10月の第2月曜日)、昭和の日（しょうわ）(4月29日)、みどりの日(5月4日)、海の日(7月20日)が追加（ついか）され、現在は合計（ごうけい）15日となっている。しかし、日本の祝日は、特に国民を挙げて[7]（あ）の行事（ぎょうじ）や祝典（しゅくてん）があるわけでもなく、ただ休日を楽しむだけのものとなっている。なお、学校

---

1. 祝日：국가가 휴일로 정한 축일
2. 元日：새해 첫 날. 설날
3. 天皇誕生日：천황 생일
4. 憲法記念日：헌법기념일
5. 勤労感謝の日：근로감사의 날
6. 敬老の日：경로의 날
7. ～を挙げて：온(전) ～이, ～ 모두가. 国民を挙げて(전 국민이, 국민 모두가)

や官公庁、会社は休日になるが、商店街やデパートは日曜日と同じように開いている。

同僚や上司に遠慮[8]して有給休暇を消化できない多くの日本人にとって、祝日は、他人の目を気にせず休める数少ない貴重な日である。また、日本人の年間労働時間は欧米先進国に比べると長いので、「日本人は働きすぎ」という内外からの指摘もある。そのため、祝日と日曜日が重なった場合には、その翌日の月曜日を振替休日[9]とすることとしたり、祝日の数を安易に増やす傾向にある。例えば、4月下旬から5月上旬にかけては、「ゴールデンウィーク」と呼ばれ、祝日、土日、振替休日をうまく組み合わせ[10]れば連休となる。

しかし、昭和天皇が崩御[11]して、天皇誕生日が4月29日から移ったにもかかわらず、この日を「昭和の日」として残したり、5月3日から5月5日を連休としてうまくつなげるため、5月4日を「みどりの日」としたり、祝日としての意味の薄い祝日を増やしている。さらに、成人の日と体育の日をそれぞれ、1月15日から1月の第2月曜日、10月10日から10月の第2月曜日とした。これも、例えば、当初は、体育の日を、東京オリンピックの開会式の日を記念して10月10日としていたのだが、これを、連休を増やすという目的で、10月の第2月曜日とした。

このように、祝日制定の趣旨[12]はほとんど意味をなしておらず、日本国民は祝日に対して、「休みが増えるのはいいこと」程度の認識しか抱いて[13]いない。

以下に、主な国民の祝日の法定の趣旨を掲げる。

---

8. 遠慮：깊이 생각함, 사양함
9. 振替休日：대체 휴일(국경일이 일요일과 겹칠 경우, 그 다음날을 휴일로 하는 일)
10. 組み合わせる：짜맞추다, 조합하다
11. 崩御：붕어. 천황이나 그 일가가 세상을 떠남
12. 趣旨：취지
13. 抱く：안다, 품다

● 1月1日　元日

　新年(しんねん)を祝(いわ)う日。それぞれの家庭では、12月末に大そうじをしたり、おせち料理(お正月のための特別(とくべつ)な料理)やもちなどを用意(ようい)する。新年を迎(むか)えると神社(じんじゃ)¹⁾やお寺に初詣(はつもうで)²⁾に出かけて1年の無事(ぶじ)を祈る。

● 1月の第2月曜日　成人の日

　成人(満20歳)になった若者(わかもの)を祝い、励(はげ)ます³⁾日。

● 2月11日　建国記念の日

　建国を記念し、国を愛する心を養(やしな)う⁴⁾日。

● 3月19～22日のいずれかの日　春分の日

　自然(しぜん)をたたえ⁵⁾、生物(せいぶつ)をいつくしむ⁶⁾日。

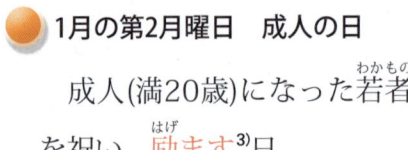

---

1. 神社 : 신사(신을 모셔 놓은 건물)
2. 初詣 : 새해 첫 참배
3. 励ます : 격려하다
4. 養う : 배양하다, 기르다
5. たたえる : 칭송하다, 기리다
6. いつくしむ : 사랑하다, 애지중지하다
7. 元旦 : 설날 아침

🟠 **4月29日　昭和の日**

激動の日々を経て、復興を遂げた[8]昭和の時代を顧み[9]、国の将来に思いをいたす日。

🟠 **5月3日　憲法記念日**

日本国憲法の施行を記念し、国の成長を願う日。

🟠 **5月4日　みどりの日**

自然に親しむとともに[10]その恩恵に感謝し、豊かな心をはぐくむ[11]日。

🟠 **5月5日　こどもの日**

子どもの人格を重んじ[12]、子どもの幸福をはかる[13]ために定められた日。

こどもの日(端午の節句)の風景

🟠 **7月の第3月曜日　海の日**

海の恩恵に感謝するとともに、海洋国日本の繁栄を願う日。

🟠 **9月の第3月曜日　敬老の日**

多年にわたり社会につくしてきた老人を敬愛し、長寿を祝う日。

🟠 **9月22～24日のいずれかの日　秋分の日**

祖先を敬い[14]、なくなった人々をしのぶ[15]日。

---

8. 遂げる : 이루다
9. 顧みる : 뒤돌아보다
10. ～とともに : ～와 함께
11. はぐくむ : 보호 육성하다

12. 重んじる : 중히 여기다
13. はかる : 도모하다, 꾀하다
14. 敬う : 공경하다, 존중하다
15. しのぶ : 그리워하다

- **10月の第2月曜日　体育の日**

　1964年の東京オリンピック大会開会の日を記念して制定された日。スポーツに親しみ、健康な心身をつちかう[1]ことを目的としている。

- **11月3日　文化の日**

　自由と平和を愛し、文化を振興する日。

- **11月23日　勤労感謝の日**

　勤労を尊び[2]、生産を祝い、国民が互いに感謝しあう日。

- **12月23日　天皇誕生日**

　今の天皇の誕生日。

2 日本の年中行事

　「年中行事」とは毎年決まった時期に行われる行事のことをいう。人々の生活は自然に大きく左右されることが多く、どの国、どの社会の年中行事も、自然と深い関係にある。春には作物がよく実る[3]ように神々に祈り、秋には収穫[4]の感謝をする。このような宗教儀礼が年中行事の起源だと言われている。

---

1. つちかう : 기르다, 배양하다
2. 尊ぶ : 숭상하다, 우러러 받들다 ＝ とうとぶ
3. 実る : 열매맺다
4. 収穫 : 수확
5. 三が日 : 새해 첫 날부터 사흘 동안
6. 松の内 : 새해 첫 날부터 이레 동안
7. 薄れる : 희미해지다

おせち料理

🍊 正月

　正月とは、本来は一年の最初の月である1月(睦月)を指していたが、現在では、新年の祝いをする期間の、三が日[5]あるいは松の内[6]のことをいう。特に三が日は、企業や官公庁は休みである。ただ、近年は三が日も営業している商店が多くなっており、三が日の特殊性はやや薄れて[7]きた。

　正月には、年の神を迎えるという意味で、家の門には門松[8]を立て、床の間には鏡餅[9]を備え、おせち料理を作ったりした。しかし、現在ではこのような習慣は廃れ[10]つつある。ただ、デパートや会社などの玄関には、今でも大きな門松が立つ。

　三が日には、神社や寺に初詣に行く。かつての女性は着物を着て初詣に行ったものだが、現在では、このような晴れ着[11]姿の女性はかなり少なくなった。

　元旦には年賀状が届く。デジタルカメラとパソコンの普及により、きれいなカラー写真を挿入した年賀状を自宅でも作れるようになった。年賀状は、日ごろ疎遠[12]になりがちな人間関係をつなぐ役割も有している。

---

8. 門松 : 설날 문 앞에 세우는 한 쌍의 소나무 장식. 신이 여기에 깃든다고 함

9. 鏡餅 : 설날 또는 길일에 신불 앞에 대소 두 개를 포개어 차려놓는 크고 둥글납작한 떡

10. 廃れる : 쓰이지 않게 되다, 쇠퇴하다, 유행이 지나다

11. 晴れ着 : 나들이 옷, 화려한 장소에서 입는 옷

12. 疎遠 : 소원. 멀어짐

子どもたちの正月の伝統的な遊びとして、男の子のたこあげ[1]、女の子の羽根つき[2]があるが、現在では廃れつつある。カルタ取り[3]、すごろく[4]、こま回し[5]などもよく行われる遊びである。

　子供たちの多くは、お年玉[6]をもらう。お年玉は、神様にささげたお供え[7]のお下がりを分けたのが始まりである。お年玉は子供たちにとってお正月の最大の楽しみとなっている。

　正月は現在でも日本で最も重要な年中行事であることに変わりはないが、近年は旅行に行ったりして、正月をやらないで気楽に過ごす家庭が増えてきた。そのため、かつてのように、親戚や会社の上司宅に年始の挨拶に行くという光景も少なくなった。

年賀状

1. たこあげ：연날리기
2. 羽根つき：새 깃털이 꽂힌 제기 같은 것을 탁구채로 배드민턴처럼 치는 놀이
3. カルタ取り：여러 장의 카드를 바닥에 흩트려 놓고 읽어 주는 내용과 일치하는 카드를 빨리 집어내는 놀이
4. すごろく：주사위 놀이
5. こま回し：팽이 돌리기
6. お年玉：새뱃돈

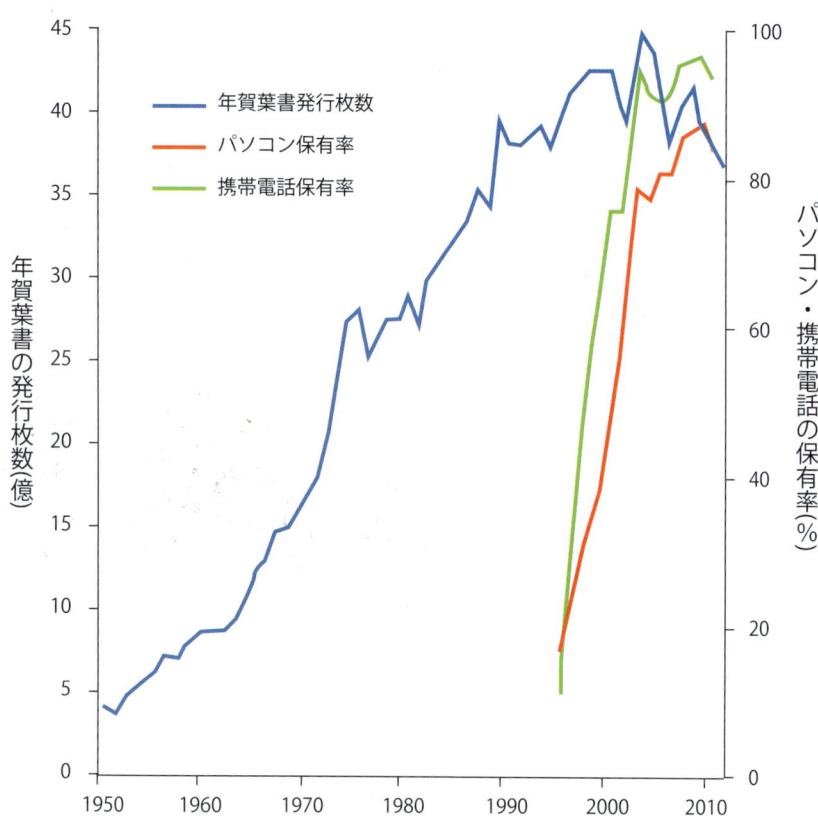

年賀葉書発行枚数の長期的推移

凡例:
- 年賀葉書発行枚数
- パソコン保有率
- 携帯電話保有率

縦軸左: 年賀葉書の発行枚数(億)
縦軸右: パソコン・携帯電話の保有率(%)
横軸: 1950, 1960, 1970, 1980, 1990, 2000, 2010

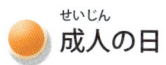 **成人の日**
せいじん

　かつては１月15日であったが、現在は１月の第２月曜日である。この日には、二十歳になった若者たちが盛装[8]をし、成人式に出席する。女性にとっては、着物を着る数少ない機会である。

---

7. お供え : 공양물, 신에게 바친 음식이나 물건
8. 盛装 : 훌륭하고 화려하게 잘 차려입음

● 新年会・忘年会

　年末・年始に、会社関係や友人関係などでとり行われる飲み会やパーティーである。この時期になると、飲み会のスケジュールでいっぱいになり、同じ日に複数の飲み会が重なる[1]といったことも珍しくない。

● 節分

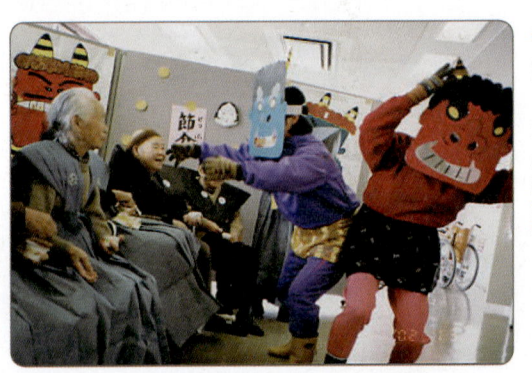

　2月3日の立春の前夜は節分である。この日には、「鬼は外、福は内[2]」と掛け声[3]をかけて豆をまく。これには、春を迎える前に悪いものを追い払い[4]幸運を招く[5]という意味がある。

老人ホームでの節分祭

　現在では、お父さんが鬼の面をかぶり、子供たちが鬼に向かって豆をぶつける。

　各地の神社やお寺でも豆まきが行われ、芸能人を招くところもある。

● バレンタインデー・ホワイトデー

　2月14日はバレンタインデーといって、女性が好きな男性にチョコレートを送って、愛を告白する日である。好きな男性に送る以外にも、会社の上司などに送るいわゆる「義理チョコ」もある。

　その1ヵ月後はホワイトデーといって、男性から女性にそのお返しを

1. 重なる：겹치다
2. 鬼は外、福は内：악귀는 밖으로, 복은 안으로
3. 掛け声：격려 또는 성원하는 소리
4. 追い払う：내쫓다
5. 招く：맞이하다
6. 健やか：건강함
7. 雛人形：제단에 진열하는 작은 인형들
8. 禊ぐ：재계를 하다, 몸을 정결하게 하다

する。近年はこの行事も定着してきたといえよう。

ひな祭り

ひな祭りの風景

３月３日はひな祭りで、女の子の健やかな[6]成長を願う日である。この日には、家庭では雛人形[7]が飾られる。

もともとは中国から渡来したもので、古くは河で禊ぎ[8]をし汚れを祓い[9]、また身代わり[10]に人形に汚れを移して河や海に流した。江戸時代以降は庶民にも定着し、女子の節句[11]とされた。

彼岸

彼岸とは、春分の日・秋分の日を中日とする各七日間のことで、また、この時期に営む[12]仏事をいう。

毎年彼岸になると、先祖の魂[13]を迎えるために、神社仏閣や霊園[14]などに先祖の墓参りに行く人の姿を見ることができる。

花見

毎年桜の花が咲く頃になると、桜の花を見ながら宴の席[15]が設けられ

---

9. 祓う : 없애다, 떨쳐버리다
10. 身代わり : 대역, 대신
11. 節句 : 명절
12. 営む : 경영하다, 영위하다

13. 魂 : 혼, 영혼
14. 霊園 : 공원묘지
15. 宴の席 : 연회석

る。宴は会社の部課単位や友人仲間などで催される[1]。たいていは、新入社員などが先に公園に行って席を取り、後で上司が合流して、本格的な宴が始まる。

　新年会・忘年会でもそうであるが、日本の会社員は勤務時間以外でも何かと会社に縛られる[2]行事が多い。そして、これらの行事では、酒が飲めないことは付き合いが悪いということになり、マイナスの要因となる。

東京・千鳥ヶ淵の桜

1. 催す：개최하다, 열다
2. 縛る：속박하다
3. 薬草摘み：약초 뜯기

⬤ ゴールデンウィーク

4月下旬から5月上旬にかけて、10日間ほど連休が続く時期がある。この時期をゴールデンウィークという。正確には、4月29日前後の前半の連休と5月3日から5日前後の後半の連休に分かれ、その中間の5月1日前後の平日は、企業、官公庁、学校は休みではないので、10日間連続して休みをとるものはそれほど多くない。この時期には、どこの行楽地も人々でにぎわう。

⬤ 端午の節句

5月5日は端午の節句といって、男の子の成長を祝う日であり、祝日となっている。古くはこの日に薬草摘み³⁾を行い、摘んだ蓬⁴⁾や菖蒲⁵⁾を門口⁶⁾に飾った。菖蒲の語が「尚武⁷⁾」に通じるとして、武士の台頭に従い庶民にも浸透し、立身出世を願い幟⁸⁾や兜飾り⁹⁾を行うようになった。

⬤ 母の日・父の日

母の日は母への感謝を表す日で、5月の第2日曜日である。これは、20世紀初めにアメリカで始まったものである。母の日になると、母に贈るカーネーションを買い求める客で、花屋はにぎわう。

父の日は、父に感謝をささげる日で、6月の第3日曜日である。これは、アメリカのJ・B・ドッド夫人の提唱¹⁰⁾により1910年に始まったものである。父への贈り物として多いものはネクタイで、この時期になるとデパートのネクタイ売り場は混雑する。

---

4. 蓬：쑥
5. 菖蒲：창포
6. 門口：집의 출입문
7. 尚武：무도, 무예, 군사를 중히 여김

8. 幟：장이 길고 폭이 좁은 직물의 옆면에 많은 고리를 달고 장대를 끼우고 세워서 표식으로 하는 것
9. 兜飾り：투구 장식
10. 提唱：제창, 주장

● 中元・歳暮

中元とは、7月の初めから15日にかけて、親や親戚、会社の上司など日ごろからお世話になっている人に贈るものである。この時期になると、デパートなどのお中元コーナーは盛況となる。だが、会社によっては、贈り物の類を禁止しているところもある。近年は、終身雇用制の崩壊[1]により、会社内での関係も崩れてきたので、上司へのお中元は減少傾向にある。それに代わって、親との別居による核家族化の進行などから、日頃お世話になりながら疎遠になりがちな両親への感謝の意を込めたお中元が主流になりつつある。

歳暮は、歳末にその年世話になった人などに贈る贈り物であり、この時期になると、お中元と同様の光景が見られる。

● ボーナス

ボーナスとは、サラリーマンが主に年末あるいは夏期に、正規の給与以外に特別に貰う賞与金のことである。この時期になると、デパートなどはボーナスを当て込んだ[2]商戦を展開する。

● 七夕

7月7日の七夕[1]は、中国から伝わった牽牛星[3]と織女星[4]の星祭り伝説が元となっている。日本では古来からあ

仙台七夕祭り

---

1. 崩壊 : 붕괴
2. 当て込む : 겨냥하다, 벼르다
3. 牽牛星 : 견우성. ＝ひこぼし, いぬかいぼし
4. 織女星 : 직녀성. ＝おりひめぼし

った「棚機つ女」の伝説との類似性[5]から七夕の日として定着した。女子が裁縫[6]や手芸、書道の上達を願う行事も各地に残る。

　仙台と平塚の七夕祭りは特に有名である。

🟠 盆

　8月15日前後はお盆で、仏教行事と、なくなった先祖を迎えて生活の繁栄を願うという風習が重なったものである。

　お盆になると、「お盆休み」を取る会社もあり、実家に帰省して墓参りをする人で、高速道路は渋滞[7]し、鉄道は満席となる。

　日本の会社員の夏休みは、お盆を中心とした1週間がせいぜいで、1ヶ月もの長いバカンスを取る欧米先進国に比べると、かなり短い。しかし、日本は、7月下旬ぐらいまで梅雨で雨の日が続き、梅雨が明けるとすぐ台風のシーズンという気候的特殊性も鑑みる[8]必要があろう。

---

5. 類似性：유사성
6. 裁縫：재봉, 바느질
7. 渋滞：정체, 밀림
8. 鑑みる：감안해서 판단하다

この季節になると全国的に知られる祭りから町内の夏祭りまでお盆の行事として馴染み深いのが盆踊りですが、実はもともとは仏教行事なのです。室町時代の初めにお盆に帰ってきた先祖の霊を慰めるために鉦や太鼓を叩いて念仏を唱えながら踊るようになり、その後娯楽的なものへ変わっていきましたが、起源は平安時代の中頃に浄土教を広めた空也上人が始めた踊念仏にあるとも言われています。

お月見

お月見は、9月15日ごろ行われるもので、月見団子[1]とその年に収穫した芋[2]や栗[3]を供えて、満月を眺めて楽しむものである。この習慣は、平安時代に中国の唐から伝わったものだといわれている。

お月見の会

月見

七五三

七五三は、3歳と7歳の女の子、3歳と5歳の男の子を神社につれてい

---

1. 団子：경단
2. 芋：감자
3. 栗：밤

現代日本事情と文化

22

き、子供の幸せや健康を祈るもので、11月15日に行われる。

🟠 クリスマス

日本のクリスマスには宗教的意味はない。クリスマスになると、一部の家庭では、クリスマスツリーを飾り、ケーキを買って、家族や友人を集めてプレゼントを交換するというパーティーを行う。

七五三の記念写真

🟠 歳末

年末の日本の家庭は、大掃除や正月の準備で忙しい。官公庁や多くの会社は12月28日が「仕事納め[4]」である。学校もすでに25日頃から休みが始まっているので、年末の大掃除はまさに一家総出で、日頃頻繁に[5]掃除しないようなところも隅々まで念入り[6]に行う。

12月31日は「大晦日[7]」という。この日は、大掃除を終えた部屋で、晩に「年越しそば」を食べる。そばは細く長いので長寿につながり、また簡単に切れることから、病気や借金と縁が切れる[8]という。この習慣が江戸時代の中期から始まった。

年越しそばを食べて、ＮＨＫテレビの「紅白歌合戦[9]」を見終わって12時になると、各地のお寺で除夜の鐘[10]が鳴り、新年を迎える。そうすると、寒い中、すぐに初詣に出かける者もいる。それから、さらに「初

---

4. 仕事納め：한 해의 일을 마감하는 것, 종무
5. 頻繁に：빈번하게
6. 念入り：세심한 주의를 기울임. 정성들여 함
7. 大晦日：섣달 그믐날
8. 縁が切れる：인연히 끊기다
9. 紅白歌合戦：가요홍백전
10. 除夜の鐘：제야의 종

日の出[1]」を拝む[2]者もいる。正月の寺社では、外国人の姿も見かけることができる。

忘年会の風景

日の出

年中行事の商業化

　年中行事のほとんどは、法律上の祝日ではない。しかも、だいぶ形式化してしまっている。とはいっても、伝統的な四季の行事は意外に根強く[3]残っている。正月、節分、彼岸、七夕などは特に人気がある。世の中が変われば年中行事の種類や内容も変わるのは当然で、昔のままではない。なかでも、特に何が変わったのかというと、商業化したとういう点であろう。昔は年末には家庭で餅をついたり、「おせち」と言われる正月料理を何日も前から準備し作っていたものである。しかし、今ではデパートで有名な日本料理店が作る「おせち」を買って間に合わせる[4]家庭が多くなった。核家族になり、年寄りがいないから作り方を教えられる人がいないこと、洋風の食事に慣れた子供たちが「おせち」をあまり食べたがらないこと、お正月でもファミリー・レストランなどは開店していて、わざわざ食べ物をたくさん作っておく必要がないことなど、その理由はさ

---

1. 初日の出：새해 첫 일출
2. 拝む：합장 배례하다, 절하다, 빌다
3. 根強い：뿌리 깊다

4. 間に合わせる：임시변통하다, 급한 대로 대용하다

まざまである。その他にも、働いている主婦などにとっては、時間に追われる生活の中で、手間がかかる⁵⁾料理などゆっくり作っている余裕はないということもあるだろう。

商業化した行事と言えば、バレンタインデーやクリスマスなどが挙げられる。

前者はチョコレートの売り上げを増やすために、デパートやチョコレート・メーカーが日本に持ち込んだと言っても過言ではない⁶⁾。バレンタインデーが近づくと、デパートやスーパーマーケットにはチョコレートの専門コーナーができ、日本女性は年齢に関係なく、チョコレートを買う。自分が好きな人にはもちろん、感情とは別に会社の同僚や上司などに「義理チョコ」を贈る。小学校の子供たちまで、チョコレートを誰にあげるか、誰にもらったかで、大騒ぎをする⁷⁾ため、学校によってはバレンタインデーにチョコレートをもって来ることを禁止しているところもある。

クリスマスについても同様のことが言える。12月に入るやいなや、デパートではさまざまな贈り物をならべ、人々の購買欲⁸⁾をあおる⁹⁾。ホテルではいろいろなクリスマスディナー・ショーを企画して若い男女のデート・スポットとして宣伝する。一流のホテルのディナーショーの場合では、1人5万円以上もするものもある。教会のミサも、デートコースに入っているように、その日だけは教会がいっぱいになる。

日本人はずっと昔から外国の技術や物にあこがれ¹⁰⁾、よさそうなものは積極的になんでも取り入れてきた。そして取り入れられたものは「日

---

5. 手間がかかる：시간이나 품이 들다
6. 過言ではない：과언이 아니다
7. 大騒ぎをする：야단법석을 떨다
8. 購買欲：구매욕
9. あおる：부추기다, 선동하다
10. あこがれる：동경하다, 그리워하다

本化」され、日本の文化の一部になってきた。年中行事についても同じようなことが言えるかも知れない。

Unit 02 日本の気候

1 日本の気候

　日本は、国土の大半[1]が温帯気候にふくまれ、四季がはっきりしている。また、国土が南北に長い島国で、地形も複雑なため、さまざまな気候がみられる。さらに大陸と海洋との間に吹く季節風[2]の影響が強くあらわれる。

　日本は、以下のように、大きく９つの気候区に分けることができる。

---

1. 大半 : 태반, 대부분
2. 季節風 : 계절에 따라, 특히 여름과 겨울에, 부는 방향이 바뀌는 바람을 이른다. 일본은 여름에는 따뜻하고 습한 남풍에 의한 계절풍이 불고, 겨울에는 차가운 북서풍에 의한 계절풍이 분다. 여름은 덥고 겨울은 아주 추운 것은 이 때문이다.

気候区	特徴
北海道	冬は非常に寒く、夏は梅雨もなく快適に過ごせる。
日本海	冬の日照は少なく雪が降る。夏はフェーン現象[1]が見られる。
三陸	冬は寒いが雪は少なく、比較的日照も良い。
東海	冬は晴天が多く、それほど寒くない。
内陸	冬は寒いが比較的日照は良い。夏は涼しい。
瀬戸内	冬はそれほど寒くなく雪は降らない。年間を通し風が弱い。
北九州	冬は日照が少ない。夏は暑い。
南海	冬は温かく日照が良い。夏は湿度が高く蒸し暑い。
沖縄	夏は暑いが風が強い。台風の影響を強く受ける。

1. フェーン現象 : 바람이 산 표면에 닿아 그 바람이 산을
넘어 하강 기류로 내려와 따뜻하고 건조한 바람에 의해 그
부근의 기온이 오르는 현상을 말한다.

🟠 春の気候

春がはじまるのは、暦[2)]のうえでは、「立春」で、春はこの日から「立夏」の前の日までとしている。これは、2月4日ごろから5月5日ごろまでの期間にあたる。しかし、2月4日ごろといえば、まだ寒さが厳しい。

冬の間吹き続けていた冷たい北西の季節風が弱まり、西から温帯低気圧と移動性高気圧[3)]が交互にやってくるようになると、いよいよ春がやってくる。そこで、気象のうえでは、暖かさを感じはじめる3月から4月・5月を春としている。

🟠 梅雨

梅雨のはじまりは「梅雨入り」、おわりは「梅雨明け」という。雨の降りかたは西日本と東日本、また梅雨の前半と後半では異なる。シトシトと静かに降るのは東日本の前半の特徴で、西日本は雨量が多く、しかも後半には集中豪雨になることもある。

沖縄は、5月半ばに梅雨入りし、6月末は梅雨明けとなる。その他は、大体6月半ばごろに梅雨入りして、7月半ば過ぎに梅雨があけたあとは、晴天に恵まれるようになる。

梅雨時の日本付近の天気図の典型的な形をみると、南の太平洋高気圧[4)]と北のオホーツク高気圧の間に梅雨前線[5)]が横たわっている。これが長い間日本付近にとどまって、雨をふらせる。オホーツク高気圧に近い北海道ではほとんど梅雨がない。

---

2. 暦 : 달력, 일력, 책력

3. 移動性高気圧 : 봄이나 가을의 일기도에 자주 보이는 둥근 형태의 고기압으로, 대륙에서 일본으로 이동해 온다. 날씨는 좋아지지만, 서리가 내리는 일도 있다.

4. 太平洋高気圧 : 남쪽 태평양 상에서 주위보다 기압이 높은 곳.

5. 前線 : 성질이 다른 공기의 덩어리(기단)가 서로 충돌하는 곳

 **夏の気候**

　夏は、暦のうえでは「立夏(5月6日ごろ)」から「立秋(8月8日ご
ろ)」の前の日までのことであるが、気象のうえでは6月・7月・8月
をいう。

　日本の夏は、たいへんむし暑いのが特徴である。暑さのピークは、暦の
うえで夏が終わる立秋ごろである。それを過ぎると、徐々に[1]気温は下が
っていくが、まだまだ暑い日は続く。この暑さを「残暑」と呼んでいる。

> **猛暑と冷夏**
> 南の海から覆う大きな太平洋高気圧の勢力が強すぎると猛暑となり、逆に弱
> いと夏になっても暑くならない冷夏となる。

 **秋の気候**

　暦のうえでの秋は、立秋(8月8日ごろ)から立冬(11月8日ごろ)の前
の日までである。しかし、立秋は8月上旬で、暑さのさかり[2]である。
それで気象のうえでは9月・10月・11月を秋としている。

　秋の天気は変わりやすいのが特徴である。これは、春と同じく移動性
高気圧と低気圧が交互に[3]おとずれるためである。

　9月の中頃から10月の初めにかけては、梅雨に似た、雨が降り続け
る時期があり、秋雨、または「秋りん」とよんでいる。

　冬のおとずれは、春とは逆に、北から南へと移っていく。北海道の札
幌では10月の半ばを過ぎると、1日の平均気温が、早くも[4]10度をきる[5]

---

1. 徐々に：서서히
2. さかり：한창, 붐빔, 성시를 이룸
3. 交互に：교대로, 번갈아

4. 早くも：벌써, 이미
5. きる：(값이나 양의 기준을 나타내는 말과 함께 쓰여) 이
　하가 되다

ようになる。鹿児島で10℃をきるのは12月になってからである。

> #### 紅葉（こうよう）
>
> 紅葉は、明け方[6]の最低気温が7℃以下になるとおこる。紅葉は寒い北から始まって、日本列島を南下していく。ただし、本州でも高い山では早く紅葉がみられる。

● 冬の気候

冬は暦のうえでは立冬(11月8日ごろ)から立春(2月4日ごろ)の前の日までのことである。ところが、1月から2月にかけては、一年中でもっとも寒い時期にあたる。そこで、気象のうえでは、12月・1月・2月を冬という。

冬に最もよくみられる気圧配置は、「西高東低型[7]」という。西高東低とは、日本を中心として、西側の気圧が高く、東側の気圧が低いという意味である。西側にはシベリア方面の高気圧、東側にはアリューシャン方面の低気圧がある。風は気圧の高い方から低い方へ吹き込む[8]ので、冬の間日本では強い北西の季節風が吹く。

各地とも、気温は1月から2月にかけて最も低くなる。ただし、地域差があり、札幌では最高気温が0℃以下となるのに対して、平均値では大阪・広島・福岡・鹿児島・那覇では、最低気温も0℃以下にはならない。

雪の量が多いのは、北海道西部や北陸地方。とくに北陸地方は、緯度のわりには、たくさんの雪が降る。北海道東部は、雪の量は少ない。

---

6. 明け方 : 새벽녘, 동틀 녘

7. 西高東低型 : 일본 부근에 형성되는 기압 배치의 하나. 서쪽의 대륙 방면이 높고 동쪽의 태평양 방면이 낮게 형성되는 현상

8. 吹き込む : (비・바람이) 들이치다

 2 **日本の自然災害**

 台風

台風[1]は、日本のはるか[2]南の洋上でうまれる熱帯低気圧の一種である。小さい渦巻き[3]が発達して大きくなり、渦巻きの中心近くの最大風速が17m/秒をこえると台風とよんでいる。

台風名	上陸・最接近年月日	死者・行方不明者
室戸	1934年9月21日	3036人
枕崎	1945年9月17日	3756人
カスリーン	1947年9月15日	1930人
洞爺丸	1954年9月26日	1761人
伊勢湾	1959年9月26日	5098人
昭和57年第10号	1982年8月2日	95人
昭和58年第10号	1983年9月28日	44人
平成2年第19号	1990年9月19日	40人
平成3年第19号	1991年9月27日	62人
平成5年第13号	1993年9月3日	48人
平成11年第18号	1999年9月24日	31人
平成16年第18号	2004年9月5日	45人
平成16年第23号	2004年10月20日	98人
平成23年第12号	2011年9月3日	92人

1. 台風 : 태풍
2. はるか : (거리나 시간이) 아득함
3. 渦巻き : 소용돌이

台風が多いのは7月から10月にかけてで、特に8月・9月には台風が日本に上陸しやすくなる。

伊勢湾台風の被害

地震

プレートテクトニクス理論[3)]によれば、日本列島付近では、太平洋プレート、フィリピン海プレート、ユーラシアプレート及び北米プレートの4枚のプレートが相接しており、それらの境界が日本海溝、相模トラフ、南海トラフとなっている。

太平洋プレート及びフィリピン海プレートは、毎年数cmの速さで西に動き日本列島の下に潜りこんでいる。これによりユーラシアプレートなどの大陸プレートの端が引きずり込まれ歪みのエネルギーがだんだん蓄積されていく。この歪みが限界に達し、もとに戻ろうとすると破壊が起こり巨大なエネルギーが放出される。これが、日本の太平洋沿岸で発生する巨大地震（海洋型地震）である。

また、このエネルギーは内陸部にも及び、日本の各所にある断層で破壊が起こりエネルギーが放出される。これが、内陸部の活断層[5)]などを震源として発生する浅発地震である。内陸の地震(直下型地震)は、太平洋沿岸の地震と比較して規模は小さいが、震源が浅い場合には局地的に大被害を及ぼす可能性があることが特徴である。

---

4. プレートテクトニクス理論：판구조론(plate tectonics): 지구 표층부를 구성하고 있는 몇 개의 암판(plate)이 수평 방향으로 이동함으로써 갖가지 지각 변동을 일으킨다는 학설

5. 活断層：신생대(新生代) 제4기에 움직인 것이 확실하고 앞으로도 다시 활동할 가능성이 있는 단층. 항상 조금씩 움직이는 크리프성 활단층과 평소에는 휴지(休止) 상태로 있다가 갑자기 활동하는 간헐성 활단층이 있음

都市部においては、木造建築物（もくぞうけんちくぶつ）の多い密集市街地（みっしゅうしがいち）が広い範囲（はんい）で存在（そんざい）し、都市域（としいき）が地震に見舞（みま）われる[1]と、大火災（だいかさい）の発生のおそれのあることが、日本の地震被害の特徴の一つとなっていた。1926年（大正（たいしょう）12年）の関東大震災（かんとうだいしんさい）では、東京と横浜（よこはま）を焼（や）きつくすような大火災が発生し、地震の被害が巨大なものとなった。

今日（こんにち）の日本の都市は、巨大化し、情報通信網（じょうほうつうしんもう）、交通網（こうつう）と多量の車両、ガスや電気などのライフラインなど都市のネットワークが複雑（ふくざつ）かつ高密（こうみつ）に発達している。さらに石油（せきゆ）コンビナートなどの危険物施設（きけんぶつしせつ）や悪い地盤（じばん）での住宅開発（じゅうたくかいはつ）など、地震の被害を大きくする可能性を秘（ひ）めているものも少なくない。

関東大震災後の東京

阪神・淡路大震災

現在

---

1. 見舞われる : (재난 등을) 만나다, 당하다

　　1995年(平成7年)の阪神・淡路大震災は、社会経済的な諸機能が高度に集積する都市を初めて直撃した直下型地震であり、死者・行方不明者が6,400余名に上る甚大な被害をもたらした。行政機関などの中枢²⁾機能が自ら被災³⁾するとともに、道路・鉄道などの交通施設やガス・水道などのライフライン施設が寸断⁴⁾されたほか、被災者が長期にわたる避難所生活を強いられる⁵⁾こととなった。

---

2. 中枢 : 중추

3. 被災 : 피재, 재해를 입음

4. 寸断 : 촌단, 토막토막 끊음

5. 強いる : 강요하다

2011年(平成23年)3月に発生した東北地方太平洋沖地震。この地震により、場所によっては波高10メートル以上にも上る巨大な津波が発生し、東北地方と関東地方の太平洋沿岸部に破滅的な被害が発生した。また、巨大津波以外にも、地震の揺れや液状化現象[1)]、地盤沈下などによって、北海道南岸から東北を経て東京湾を含む関東南部にいたる広大な範囲で被害が発生し、ライフラインが寸断された(東日本大震災)。

また、地震から約1時間後、津波に襲われた福島にある原子力発電所は、全電源を喪失して原子炉を冷却できなくなり、炉心溶融が発生した。大量の放射性物質の漏洩[2)]を伴う重大な原子力事故に発展したのである。

2014年(平成26年)3月時点で、地震による死者・行方不明者は18,517人、建築物の全壊・半壊は合わせて400,151戸が公式に確認されている。震災発生直後のピーク時においては避難者は40万人以上、2014年2月時点の避難者などの数は267,419人となっており、避難が長期化していることが特徴的である。

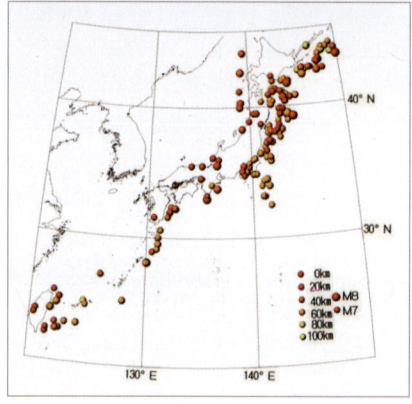

日本列島付近のプレート

北米プレート
ユーラシアプレート
太平洋プレート
相模トラフ
駿河トラフ
南海トラフ
フィリピン海プレート

日本列島とその周辺のM7以上の地震(1885年〜1995年、深さ100km以浅)

0km
20km
40km　M8
60km　M7
80km
100km

40° N
30° N
130° E
140° E

---

1. 液状化現象 : 지진의 진동으로 지반이 대량의 수분을 함유하여 액체와 같은 상태로 변하는 현상. 해안 근처의 매립지 등 지하수위가 높고 연약한 모래땅에서 볼 수 있다
2. 漏洩 : (가스 등이) 샘. 누설

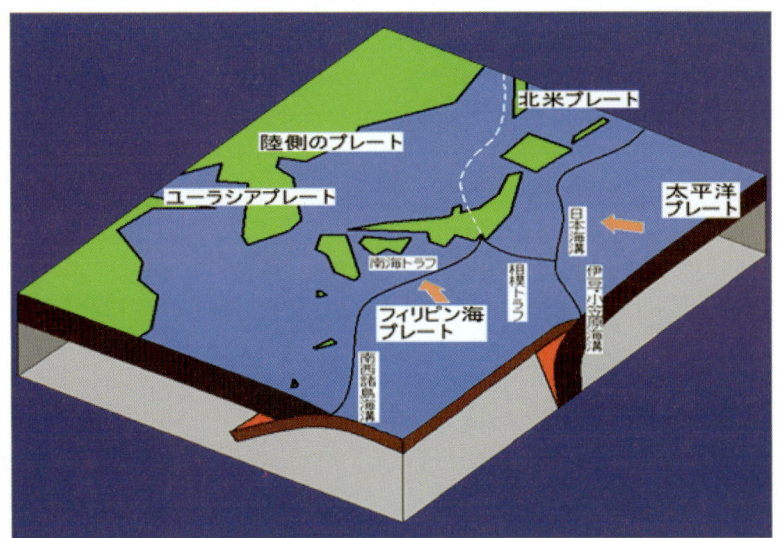

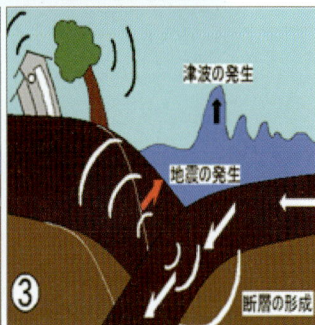

1 海側のプレートが年数cmの割合で陸側のプレートのほうへ移動し、その下へ潜り込む。

2 陸側のプレートの先端部が引きずり込まれ、ひずみが蓄積する。

3 ひずみがその限界に達したとき、陸側のプレートが跳ね上がり、地震が発生する。その際、津波が発生する場合がある。

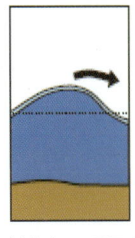
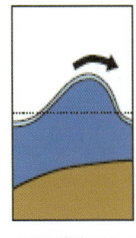
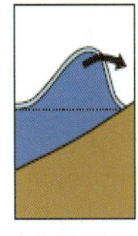
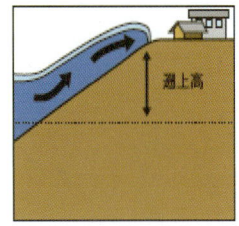

地震による海底面の隆起沈降が、海水の上下変動を起こす。

波となって四方に伝わる。

水深が浅くなるに従って波が高くなる。

さらに海底の地形の影響で波が高くなる。

陸上へ打ち上げる。

□日本の主な活断層と地震危険地帯

内陸活断層の危険度ランキング

順位	活断層名	30年以内の地震発生確率	予想マグニチュード
1	糸魚川—静岡構造線断層帯	14%	8程度
2	富士川河口断層帯	0.2～11%	8程度
3	奈良盆地東縁断層帯	ほぼ0～5%	7.5程度
4	森本・富樫断層帯	ほぼ0～5%	7.2程度
5	神縄・国府津—松田断層帯	3.6%	8程度
6	函館平野西縁断層帯	ほぼ0～1%	7.0～7.5程度
7	養老—桑名—四日市断層帯	ほぼ0～0.6%	8程度
8	鈴鹿東縁断層帯	0.5%以下	7.5程度
9	生駒断層帯	ほぼ0～0.1%	7.0～7.5程度
10	有馬—高槻断層帯	ほぼ0～0.02%	7.5程度

※鈴鹿東縁断層帯以外は2001年初めを評価時点とする。
※鈴鹿東縁断層帯は評価時点に依存しない。
※発生確率、予想マグニチュードは政府の地震調査研究推進本部算出。

十勝平野断層帯
北海道東部地震
函館平野西縁断層帯地震
日本海東縁部地震
宮城県沖地震
長町—利府線断層帯
森本・富樫断層帯地震
跡ヶ瀬断層帯地震
三方・花折断層帯
糸魚川—静岡構造線断層帯地震
琵琶湖西岸断層帯地震
神縄・国府津—松田断層帯地震
島根東部地震
生駒断層帯地震
上町断層帯
長尾断層
南関東地震
別府—万年山断層帯地震
富士川河口断層帯地震
中央構造線断層帯地震
東海地震
養老—桑名—四日市断層帯地震
南海地震
東南海地震
鈴鹿東縁断層帯地震
奈良盆地東縁断層帯地震
日向灘地震
布田川・日奈久断層帯地震
有馬—高槻断層帯

※日本には現在知られているだけでも約2000カ所の断層帯があり、そのほかにもまだ発見されていない断層帯が多数あると考えられている。ここにはそのうち特に危険視されているものだけを示してある。

モデルに当てはめて試算したもの。平成15（2003）年3月現在、33の活断層で調査が終わった。
◎また最近では、「確率だけでは分かりにくい」という声に応えて、「地震発生の可能性が高い」（3%以上）、「やや高い」（0.1～3%未満）、「低い」（0.1%未満）の3段階にランク分けし、発表している。

海溝型地震の発生確率

地震名	30年以内の地震発生確率	予想マグニチュード
東海地震	—	8程度
東南海地震	50%程度	8.1前後
南海地震	40%程度	8.4前後
宮城県沖地震	98%	7.5前後

※東海地震以外の発生確率、予想マグニチュードは政府の地震調査研究推進本部算出。
※東海地震の発生確率は算出されていないが、切迫性は最も高いと言われている。
※宮城県沖地震の発生確率は2020年までに発生する確率。

現代日本事情と文化

日本の戦後の主な地震災害

名称	発生年月日	マグニチュード	被害状況	
			死者・行方不明	損失家屋
関東大地震	大正12.9.1	7.9	142,807	576,262
東南海地震	昭和19.12.7	7.9	1,251	19,367
南海地震	昭和21.12.21	8.0	1,443	13,119
福井地震	昭和23.6.28	7.1	3,769	40,035
十勝沖地震	昭和27.3.4	8.2	33	921
チリ地震津波	昭和35.5.23	9.5	139	2,830
新潟地震	昭和39.6.16	7.5	26	2,250
十勝沖地震	昭和43.5.16	7.9	52	691
伊豆半島沖地震	昭和49.5.9	6.9	30	139
伊豆大島近海地震	昭和53.1.14	7.0	25	96
宮城県沖地震	昭和53.6.12	7.4	28	1,183
日本海中部地震	昭和58.5.26	7.7	104	987
長野県西部地震	昭和59.9.14	6.8	29	24
千葉県東方沖地震	昭和62.12.17	6.7	2	16
釧路沖地震	平成5.1.15	7.8	1	12
北海道南西沖地震	平成5.7.12	7.8	230	594
三陸はるか沖地震	平成6.12.28	7.5	3	72
兵庫県南部地震 (阪神・淡路大震災)	平成7.1.17	7.3	6,437	689,776
新潟県中越地震	平成16.10.23	6.8	68	122,667
東北地方太平洋沖地震 (東日本大震災)	平成23.3.11	8.4	24,600	1,155,364

＊大正 1 年(1912年)、昭和 1 年(1926年)、平成 1 年(1989年)

03 日本人の生活

1 衣

● **着物**（きもの）

日本の伝統的衣服（でんとうてきいふく）といえば着物である。着物は、長方形（ちょうほうけい）の<u>布を縫って</u>[1]作られた直線的（ちょくせんてき）な衣服である。着物には、サイズをあまり気にせずに済み、<u>融通性</u>（ゆうずうせい）[2]があるという利点（りてん）がある。したがって、年齢（ねんれい）を経て多少体格（かく）が変わっても、長年（ながねん）にわたって着られる。

しかし、今日では、明治維新後（めいじいしんご）の国を挙（あ）げての欧米文化（おうべいぶんか）の移入（いにゅう）と、その過程（かてい）で国民の間に<u>芽生えた</u>（めばえた）[3]欧米文化への<u>憧憬</u>（どうけい）[4]などから、ほとんど着物は着られなくなった。

今日の男性は、正装（せいそう）としてスーツにネクタイを着用し、特に事務職（じむしょく）の男性は普段（ふだん）、スーツにネクタイ姿で仕事をするが、湿気（しっけ）の多い日本の気

---

1. **布を縫う** : 옷감을 바느질하다
2. **融通性** : 융통성
3. **芽生える** : 싹트다, 움트다
4. **憧憬** : 동경

候を考えると、スーツにネクタイは必ずしも[5]機能的とはいえない。

　女性にとって着物は、着るのが難しく、また着苦しく活動しにくいという欠点がある。したがって、女性も今日では洋服で普段を過ごすようになった。女性にとって、洋服には、女性を活動的にし、女性の社会進出を促進したという点で、計り知れない[6]メリットがある。今日では、着物を着る機会といえば、成人式、結婚式、お正月、卒業式といった特別な儀式の時に限られる。女性にとっては、これらの特別な儀式に着物を着るというのは、大きな憧れ[7]であり、値段が高価にもかかわらず、着物を購入することも珍しくない。なお、男性が着物を着る機会は、今日[8]ではほとんどない。

　着物で一番着る機会の多いのは、浴衣[9]である。特に、子供は夏の盆踊りの時に、浴衣を着ることが多い。また、旅館には浴衣が用意されており、旅館に着くや否や浴衣に着替え、リラックスするケースが多い。

草履

🟠 草履と下駄

　着物を着る時の履物は、草履か下駄である。

　下駄は木製の履物で、下面に歯と呼ぶ突起部をくりぬいた[10]台に三つの穴をあけて鼻緒をすげ[11]、足指をかけてはく。歯は多くは二枚で、差し込む方式のものもある。

---

5. 必ずしも：해석
6. 計り知れない：해석
7. 憧れ：해석
8. 今日：오늘날

9. 浴衣：(목욕 후 또는 여름철에 입는) 무명 홑옷
10. くりぬく：도려내다, 도려서 구멍을 내다
11. 鼻緒をすげる：げた의 끈을 꿰어달다

草履は鼻緒のついた平底[1]の履物で、藁[2]・藺[3]・竹皮[4]などを編んだもの、ビニール・ゴム製などのものがある。

これらも、今日ではほとんど履かれることはなくなった。特に下駄は、歩くときの音がうるさいので、下駄履きが厳禁になっている場所もあるという。

今日の日本人は、靴を着用しているが、日本の気候は湿気が多いので、男性は靴を履くと足が蒸れ[5]、水虫になる場合が多々ある。女性は、高いヒールの靴を履くと、外反母趾[6]の原因ともなる。したがって、靴の着用が日本人にとって好ましいことかどうかは一概に[7]は言えない。

🟠 現代の若者のファッション

現代の日本人は、日常はほとんど洋服を着て、靴を履いて生活している。

日本の若者は、欧米諸国の若者に比べると、一般的におしゃれである。かつては、大都市と地方の生活格差が大きく、地方出身者が東京に出てきて間もない時は、外見ですぐ判断できたが、現在では流行の情報網が地方にもよくいきわたっているので、外見で判断するのは難しい。

欧米諸国では、年齢を経て地位が上がるにしたがって、ブランド物を身につけていく傾向にある。しかし、日本では、一部の若者は、バーゲンに走り、アルバイト代の多くをブランド品の購入に費やしている。

特に、日本の若い男性は、欧米諸国に比べてかなりおしゃれである。

---

1. 平底：평저, 바닥이 평평함
2. 藁：(벼・보리의) 짚
3. 藺：골풀, 등심초
4. 竹皮：죽피, 대나무 껍질
5. 蒸れる：발에 땀이 나고 화끈거리다
6. 外反母趾：엄지 발가락이 두번째 발가락 쪽으로 굽은 상태
7. 一概に：(뒤에 부정어를 동반하여) 일률적으로 (~할 수 없다)

日本では、男子学生もバーゲンに行く。男性向けのファッション雑誌もよく売れている。このような現象は、好意的に見れば、現在の日本が平和であることの証左[8]であるといえよう。

2 食

日本人の主食は米である。第二次世界大戦前の日本人は、三食ご飯を食べていた。例えば、当時のごく普通の日本の家庭の献立[9]は、朝は、ご飯、味噌汁、漬物、梅干、昼は、ご飯、目刺し[10]または煮物(ひじき[11]、野菜など)、漬物、晩は、ご飯、魚、野菜の煮物、漬物といったところであった。これでも、おかずのある家庭は、まだましな方であった。

昭和初期の日本人の食卓

現代の食卓

---

8. 証左：증좌, 증거
9. 献立：메뉴, 식단
10. 目刺し：꿰어 말린 정어리
11. ひじき：톳

しかし、第二次世界大戦後、特に高度成長期を境[1]に、日本人の食生活は急速に欧米化していく。北欧の食生活を理想化し、「ご飯を食べると太る」という風評がまことしやかに[2]ささやかれたため、米の消費量はどんどん減少していくこととなった。

現代の日本人は、朝は、炊くのが面倒なご飯に代わって、パン食の家庭が多くなった。また、朝食を抜く者も数多くいる。

昭和初期の台所

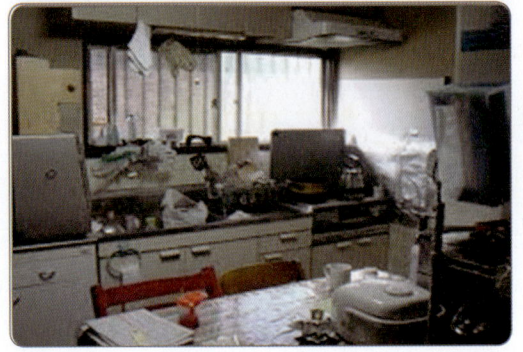

現代の台所

昼は、子供たちは学校で給食を食べる。サラリーマンの昼食は、社員食堂で食べたり、仕出し弁当[3]をとったり、コンビニエンスストアで弁当を買ったり、ファーストフードのレストランで済ませたりするなど、様々である。

晩は、ご飯の家庭が多いが、おかずは、肉とじゃがいもが中心の欧米諸国の食卓に比べると、かなりバラエティに富んで[4]いる。子供たちは一般に洋食を好み、特に人気のメニューはカレーライス、スパゲティ、ハンバーグである。一方、年寄りは魚や煮物などの和食を好む傾向にあ

---

1. 境 : 경계
2. まことしやかに : 진실인 듯이
3. 仕出し弁当 : 주문을 받아 만들어 배달하는 도시락
4. バラエティに富む : 다양성이 있다. 변화가 풍부하다

るので、三世代同居の家庭では、夕食の献立をどちらに合わせるかで頭を悩ませる。総じて[5]現代の日本人は和洋折衷型[6]の食生活を送っているといえよう。

また、現代の日本人は、外食の機会が多くなった。全国各地にはファミリーレストランがあり、休日ともなれば家族ずれでにぎわっている。大都市では世界のありとあらゆる料理が食べられる。フランス料理、イタリア料理、中華料理、インド料理、韓国料理、ドイツ料理、ロシア料理、スペイン料理のレストランなど例を挙げればきりがない。しかも、これらのレストランのシェフ[7]は、現地人ではなく日本人の場合が多い。日本人は、料理の舌も比較的肥えて[8]いるし、作る方でも器用[9]である。外国の料理でも、自分たちの舌に合わない食材を上手に省き、日本人にあった料理に仕立て上げている。

一般的に、欧米人が肉類と乳製品を多く取っているのに対し、日本人は米、野菜、魚を多く摂取している。このような日本人の食生活が平均寿命を押し上げて[10]いるという指摘もあり、近年は、国の内外を問わず、日本の食生活が見直されて[11]きている。

とはいえ、現代の若者の食生活は確実に欧米化してきている。また、共働き[12]などの生活スタイルの変化もあり、主婦は半製品のおかずをスーパーで買い求めて済ますことが多くなった。さらに、インスタント食品やファーストフードの摂取量も多くなってきたことなどから、将来の日本人の平均寿命の低下を指摘する向きもある。

---

5. 総じて：대체로, 일반적으로
6. 和洋折衷型：일본식과 서양식의 절충
7. シェフ：주방장(chef. 프)
8. 肥える：살찌다, (안목이) 높다, 본문에서는 요리에 대한 안목이 높다
9. 器用：재주가 있음
10. 押し上げる：밀어놀리다, 들어올리다
11. 見直す：달리 보다, 재검토하다
12. 共働き：맞벌이

3 住

伝統的な日本の家屋は木造である。日本は森林資源に恵まれて[1]いるので、今でこそ需要が多くなり東南アジアからの輸入に頼っているが、かつては木材には事欠かなかった[2]。屋根は瓦[3]である。しかし、瓦屋根は台風に強いという長所はあるが、一方で地震に弱いという欠点がある。また、日本海側の雪の多い地方では、雪の重みで潰される[4]という危険もある。一方で、トタン屋根[4]の家も多く見かけるが、トタンは軽いので地震対策としては適しているが、逆に台風に弱いという欠点がある。

家屋の内部は、畳の部屋がいくつかあって、風呂場、台

日本の和室

昭和初期の住宅の外観

近年の洋風建築

---

1. ～に恵まれる：～이 풍족하다
2. 事欠く：부족하다
3. 瓦：기와
4. トタン屋根：양철 지붕

所、庭があり、部屋の仕切り⁵⁾は襖⁶⁾や障子⁷⁾であり、庭に面して縁側⁸⁾がある。日本は湿度が高いので、湿気を吸い取る畳は清潔である。縁側では、冬の暖かい日にひなたぼっこ⁹⁾をしたり、近所の人と一緒に腰掛けて話したりする。客室には床の間¹⁰⁾があって、そこには掛け軸¹¹⁾がか

---

5. 仕切り : 경계, 칸막이
6. 襖 : 나무로 골격을 짜고 양면에서 두텁게 종이나 천을 바른 것
7. 障子 : 나무로 골격을 짜고 한 면에만 종이를 바른 것
8. 縁側 : 툇마루
9. ひなたぼっこ : 양지에서 햇볕을 쬠
10. 床の間 : 객실 상좌에 바닥을 조금 높여 꾸민 곳
11. 掛け軸 : 두루마기 그림

けてあったり、生けた花が飾られている。畳の和室は、食堂にもなり寝室にもなる。食事の時にお膳[1]を出して食事をし、寝るときは布団を敷いて寝る。布団は、和室には押入れ[2]が付いていて、そこから出して寝る。家族全員が1つの部屋で寝食を共にすることが可能である。

　縁の下[3]が空いている日本の家屋は、蒸し暑い夏でも涼しくて快適である。ただ、日本の家屋は、通風が良く開放的なので、冬は少し寒い。現在の家屋は縁の下の空間が少ないので、日本の蒸し暑い夏には、冷房が絶対に欠かせないものとなってしまった。そして、冷房の排熱[4]、舗装道路や高層ビルからの照り返し[5]などからヒートアイランド現象を起こし、大都市では夏の気温が年々上昇し、また冬も暖房器具やOA機器の排熱などから気温が上昇し、年間を通して温暖化の傾向にある。

　現在の日本人は、畳の部屋で正座するよりも、椅子に座った生活のほうが楽だということもあり、和室よりも洋室を好むようになっている。とはいっても、和室が一部屋もないというのも寂しいのか、そこで畳の部屋を一部屋だけ残し、残りの部屋、特に子供部屋はフローリングという家庭が多くなっている。学生も、畳の部屋よりもフローリングの部屋の物件[6]を好んで捜し求める傾向にある。したがって、寝るときも、布団よりもベッドを好む家庭が多くなっている。ただ、「暑い夏は布団の方が涼しい」といって、夏は布団、冬はベッドという者もいる。

　日本の都市の住宅事情は、欧米先進国の大都市に比べると、厳しいものがある。その理由としては、高度成長期に、急激に農村から大都市へ人が押し寄せたこと、核家族化が進んだこと、マイホーム指向が強いこ

---

1. お膳 : 밥상
2. 押入れ : 벽장, 반침
3. 縁の下 : 마루 밑
4. 排熱 : 배열. 여기에서는 에어컨이 뿜어내는 열기
5. 照り返し : 반사, 되비침
6. 物件 : (주택, 아파트, 맨션 등의) 물건

現代日本事情と文化

48

となどが挙げられる。そのため、東京や大阪の都心で良質な住宅を得ることが困難となり、人は郊外へとマイホームを求めていったが、住宅供給がほとんど追いつかない状態であった。そこで、郊外に安価で狭い建売住宅[7]が多く造られることとなった。また、住宅がどんどん郊外に広がるにつれ、地価の上昇、通勤時間の長時間化、通勤電車の混雑という新たな問題をも引き起こした。

　一方で、大阪や東京の鉄道会社は、自社の沿線[8]の利用客を増加させるために、宅地開発を積極的に行った。鉄道会社は、自社の沿線イメージを高めるために、比較的良質な住宅を多く供給した。このような鉄道会社の商法は欧米諸国にも例を見ないものである。

　近年は、大都市圏の人口の社会増[9]は鈍化し、大阪圏では減少に転じている。少子化[10]により、住宅のスペースに余裕が生まれ、子供たちには個室が与えられるようになった。バブル期の急激な地価の上昇によりマイホームに手が届きにくくなったこともあり、人々は以前ほどマイホームにこだわることもなくなり、集合住宅に住むこともいとわなくなってきた。長い通勤時間を嫌って、郊外のマイホームよりも都心のマンションを好む者も多くなり、人口の都心への回帰現象もみられるようになった。

---

7. **建売住宅** : 팔기 위한 목적으로 지은 주택
8. **沿線** : 연선. 선로나 버스 노선, 간선 노선 등을 따른 토지
9. **社会増** : 출생이나 사망에 의한 자연적 증가가 아니라, 이주 등 사회적 요인에 의한 증가
10. **少子化** : 저출산화. 총인구 대비 어린이 수의 감소

バリアフリー住宅

　ところで、現在の日本では、高齢化社会を向かえ、特にバリアフリー[1]住宅の建設に力を注いでいる。例えば、都市基盤整備公団では、高齢者を含めたすべての方が、安全で快適な生活を送れるよう、1996年度以降すべての新規に建設する集合住宅について、「長寿社会対応仕様」を標準としている。

　「長寿社会対応仕様」の主なものとしては、以下のものがある。

- 段差[2]の解消：住宅内部の洗面所と廊下の間や、洋室と和室の間の段差を解消。

- 通行幅の確保：車椅子[3]の通行などに配慮して廊下の幅や扉[4]の寸法[5]を定める。

- 手すり[6]への対応：浴室については、あらかじめ[7]設置。廊下壁には必要の際、手すりが設置できる様に壁の下地[8]を補強。

1. バリアフリー：Barrier free. 노약자나 장애자 같은 사회적 약자가 사회생활을 하는 데에 장애가 되는 요소를 제거하기 위한 시책.
2. 段差：양쪽 높낮이의 차이
3. 車椅子：휠체어
4. 扉：문
5. 寸法：치수
6. 手すり：난간

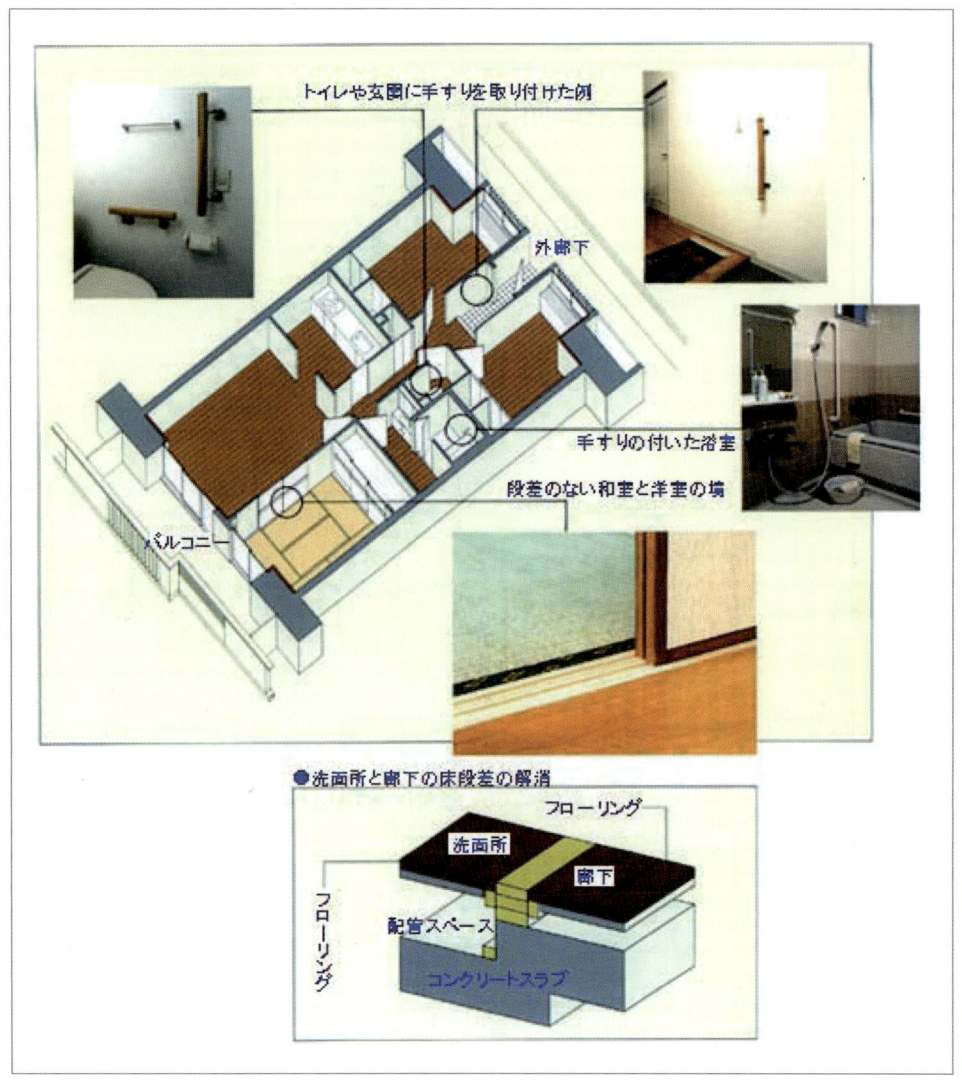

トイレや玄関に手すりを取り付けた例

外廊下

手すりの付いた浴室

段差のない和室と洋室の境

バルコニー

●洗面所と廊下の床段差の解消

フローリング

洗面所

廊下

フローリング

配管スペース

コンクリートスラブ

7. あらかじめ : 미리, 앞서서
8. 下地 : 토대, 기초

4 日本の通勤事情

日本の会社員の通勤手段としては、地方では自家用車が一般的である。鉄道やバスを利用するのは、主に「交通弱者」といわれる高校生や高齢者などである。したがって、地方における公共交通機関の経営は苦しいものとなっている。

通勤電車

通勤ラッシュ

東京と京阪神[1]では、道路の渋滞が激しいので、鉄道・バスなどの公共交通機関が利用されている。一般的に、東京ではＪＲ、京阪神では私鉄[2]が好まれる傾向にあるが、京阪神でも徐々にＪＲがシェアを伸ばして[3]きている。

東京圏でのラッシュ時の電車の混雑には、激しいものがある。近年は、フレックスタイム制[4]を導入する企業も増え、時差通勤も定着しつつある。鉄道会社も、複々線化や地下鉄への乗り入れ[5]など、輸送力の増強に努めてはいるが、東京への人口の過度の集中により、利用客増に投資が追いつかないという厳しい状態が続いている。しかし、ＪＲは国

---

1. 京阪神 : 교토(京都), 오사카(大阪), 고베(神戸)를 아울러 이르는 말
2. 私鉄 : 사철. 민간이 운영하는 철도
3. シェアを伸ばす : 점유율을 늘리다
4. フレックスタイム制 : flextime system. 자유 근무 시간제
5. 乗り入れ : 노선 연장

鉄時代の遺産を引き継いだので、私鉄に比べれば輸送力には若干余裕が
ある。

　大阪圏では、1970年代後半以降、人口の社会増はストップし、その
ため各社とも利用客は横ばい⁶⁾か減少している。その一方で、各社とも
既に輸送力の増強のため、かなりの投資をしてきた。そのため、大阪圏
においては、通勤ラッシュはかなり緩和⁷⁾されている。

「通勤ラッシュを退治せよ」～世界初、自動改札機誕生

　1967年、大阪の北千里駅に、一台の機械が設置された。自動改札機。いま
や日本全国に行き渡った夢の機械の第1号機である。

　膨大な情報を磁気で記録し、それを一瞬で読みとる。その技術は、ラッシ
ュの混雑を劇的に緩和しただけでなく、銀行の自動支払機CDやATMのもと
になった画期的なものだった。

　高度経済成長下の1950年代、人口集中に伴い、鉄道の混雑が大きな社会問
題になっていた。ダイヤ⁸⁾の乱れ、ホームからの転落事故などが多発。鉄道会
社は、各メーカーに自動改札機の開発を打診した。

　「不可能だ」と各社が尻込み⁹⁾する中、手を挙げたのが立石電機（現オムロ
ン）だった。社長の立石一真(67)は、極貧¹⁰⁾の中で妻を亡くし、7人の子供を
育て上げた苦労人。以来「人の役に立つ機械の開発」をモットーにしてきた立
石は、採算度外視の開発を決意。「立石電機7人の侍」と呼ばれた若手¹¹⁾技術
者を集め、開発に当たらせた。

---

6. 横ばい : 보합 시세. 시세의 변동이 거의 없음
7. 緩和 : 완화
8. ダイヤ : 버스나 열차의 운행표
9. 尻込み : 뒷걸음질침, 꽁무니를 뺌

10. 極貧 : 극빈, 아주 가난함
11. 若手 : 젊은이, 젊은 축

人の流れを止めないためには、１分間に８０人の切符を処理しなければならなかった。更に、大人と子供の区別、男女の区別、不正な券の発見、荷物と人との判別など、膨大な磁気処理が必要だった。若手技術者の一人、田中寿雄(27)は、試作機[1]を作っては、近所の主婦や子供たちを集め、試行錯誤を重ねた。

　それらの課題を解決した矢先[2]、さらなる難題が襲いかかる[3]。それは、濡れたり折れたりして、磁気が乱れた[4]切符の判別だった。若手技術者たちは、一からの開発を迫られることになった。

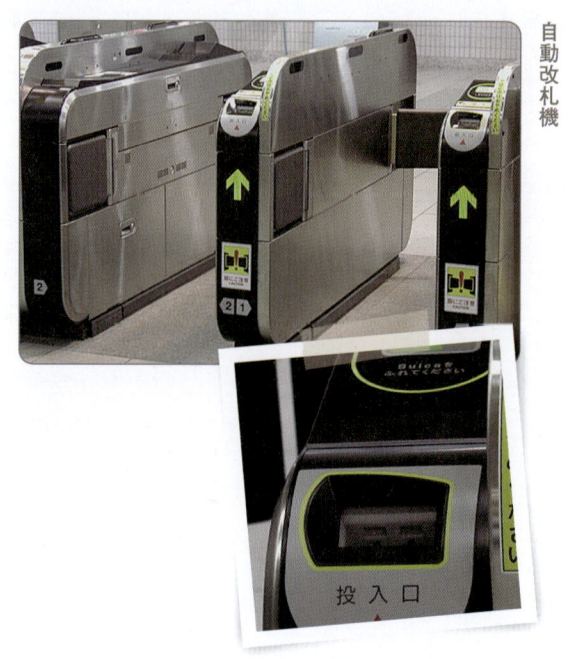

自動改札機

投入口

1. 試作機 : 시험 제작기
2. 矢先 : 막 ~한 찰나, 바로 그때
3. 襲いかかる : 덮쳐오다, 기습 공격하다
4. 乱れる : 흐트러지다

Unit

04 日本の文化

1 伝統文化

　日本の伝統文化の一部は、家元制度[5]に代表されるような世襲制になっており、そのことが若者の伝統文化に対する関心を失わせている一因ともなっている。そのため、日本の伝統文化の多くは、あまり大衆的な広まりを見せていないのが現状である。

　しかし、一部では新境地を開こうという試みも見られる。そこで、日本の伝統文化の中でも、主要なものをピックアップして、説明を加えていく。

---

5. **家元制度**：예능이나 기예 등을 집안의 전통으로 계승하는 가계 또는 그 가계의 일인자를 **家元**라고 하며, 그 **家元**를 중심으로 기술의 전승과 유파의 통솔을 책임지는 제도

書道

　書道は、中国から伝わった漢字のお経[1]を写すことから始まった。そして、平安時代に漢字に改良を加えた仮名文字が発明されると、日本独自の仮名書道が発達して、今日に至っている。日本の小学生の多くは、学校が終わると書道教室に通う。日頃家庭で甘やかされて育っている子供たちにとり、半紙[2]の上に筆を運ぶ[3]瞬間は、短いながらも神経の集中を習得できる貴重な時間となっている。また、学校では、国語の時間や冬休みの宿題として書道が取り入れられて[4]おり、日本人にとって最も身近な伝統文化の一つといえよう。

茶道

　茶道は、客を招いてお茶をたてて出すもので、戦国時代に千利休(1522~1591)によって大成されたものである。

　現在でも、多くの女性が茶道を習っている。若い女性の場合は、花嫁修業[5]の一環として習っているケースが多い。カルチャース

---

1. **お経**：불경
2. **半紙**：반지, 습자에 쓰는 일본 종이
3. **筆を運ぶ**：운필하다, 붓을 놀리다
4. **取り入れる**：도입하다, 받아들이다

5. **花嫁修業**：신부 수업

クールなどには、茶道の講座が数多く設置されている。

　なお、一般の家庭でお茶をたてる習慣は、ほとんど姿を消したといって良い。

茶道の風景

華道

　華道（かどう）は、切花（きりばな）⁶⁾を花器（かき）⁷⁾に飾って眺（なが）める芸術である。華道には、いくつかの流派（りゅうは）がある。それぞれの流派は家元制度といって、いずれも先生を頂点（ちょうてん）として弟子（でし）たちがその下にピラミッド型に連（つら）なる制度をとっている。

華道の作品

　華道もカルチャースクールなどで多くの講座が設置されており、女性にとってはごく身近なお稽古（けいこ）事（ごと）⁸⁾となっている。

歌舞伎

　歌舞伎（かぶき）には約400年の歴史があり、明治時代には非常に人気があっ

---

6. 切花：줄기와 가지를 붙인 채 잘라낸 꽃
7. 花器：꽃꽂이를 하는 데에 쓰이는 용기
8. 稽古事：꽃꽂이나 다도, 서예 등 배워서 몸에 익히는 기예

た。今でも、日本の伝統芸能の中では、比較的人気の高いものの一つといえるかもしれない。歌舞伎は、中国でいえば、京劇[1]（きょうげき）に相当するようなものといえるかもしれない。なお、東京や大阪には、歌舞伎専門のホールがある。

箏演奏

歌舞伎の特徴（とくちょう）は、演じるのがすべて男性ということである。また、女役を演じる「女形[2]（おやま）」という役者[3]（やくしゃ）がいる。女役は舞台（ぶたい）の花形（はながた）である。

舞台の左側では、三味線[4]（しゃみせん）や長唄[5]（ながうた）による伴奏音楽（ばんそう）が演奏されている。三味線や長唄も日本の伝統的な音楽であり、教室も各地にあり、習う機会には事欠かず、日本人にとってそれほど遠い存在ではない。

歌舞伎のセリフ[6]は日本人でも難解（なんかい）で、イヤホーンによるガイドがセリフの現代語訳などを解説してくれる。英語のガイドもある。

役者のくまどり[7]や着物、音楽を楽しむのも面白いものである。

1. 京劇 : 경극. 노래, 춤, 연기가 혼합된 중국의 전통 연극.
2. 女形 : 歌舞伎에서 여자 역할을 하는 남자 배우
3. 役者 : 배우, 연기자
4. 三味線 : 삼현으로 된 일본 고유의 악기
5. 長唄 : 三味線에 맞추어 부르는 긴 속요
6. セリフ : 대사
7. くまどり : 배우가 표정을 돋보이기 위해 빨강이나 파랑 물감으로 그리는 분장

子ども歌舞伎上演風景

⚫ 能と狂言

　能は「能楽」ともいい、約700年の伝統がある舞台芸術の一つである。奈良時代に唐から伝わった「能楽」が、鎌倉時代に唄や舞踏劇[1]の「能」と対話劇の「狂言」に分かれた。

　さらに、室町時代になると、観阿弥、世阿弥の親子が能を芸術的境地へと高め、現在に至っている。

　能は、面をつけた主役のシテ方、面をつけないワキ方[2]、笛や太鼓を演奏するおはやし方によって演じられる。舞台装置は何もない。観客は、ストーリーの流れの中で、いろいろなものを想像していく。

　狂言は能と能の間に同じ舞台で演じられる喜劇である。音楽はなく、セリフと動作で笑わせる。観客が、能をまじめに緊張してみた後で、狂言をくつろいだ[3]気持ちで見られるという演出になっている。

---

1. 舞踏劇 : 무도극
2. ワキ方 : 能 배우 중에서 조연 또는 조연 보조로 분하는 것을 전문으로 하는 연기자
3. くつろぐ : 편히 쉬다, 휴식하다
4. 雅楽 : 아악, 궁중 음악
5. 俗曲 : 三味線 따위에 맞추어 부르는 작은 가곡(歌曲)에 대한 총칭
6. 能楽 : 室町시대에 집대성된 일본 고유의 가면 가극

伝統音楽

津軽三味線　吉田兄弟の演奏風景

ヨーロッパから入ってきた音楽を「洋楽」というのに対し、日本の伝統音楽を「邦楽」という。邦楽には、雅楽[4]、俗曲[5]、能楽[6]などがある。

洋楽と邦楽の大きな違いは、洋楽が7音階なのに対して、邦楽は5音階ということである。

日本の伝統的な楽器としては、琴[7]、尺八[8]、三味線などがある。いずれもカルチャースクールの講座としてはポピュラーなもので、女性のお稽古事としては比較的身近なものとなっている。これらの日本の楽器は、西洋の楽器とのアンサンブルにもマッチする場合があり、そのような演奏会もたまに開かれている。

和歌、短歌、俳句、川柳

和歌とは、漢詩に対して、奈良時代までに発生した日本固有の詩歌の称であり、長歌[9]・短歌[10]・旋頭歌[11]・片歌[12]などの総称であった。だが、平安時代以降になると、他の形式はすたれ、和歌というともっぱら短歌のみをさすようになった。

その短歌とは、五七五七七の五句三十一音を原則とする。その起源は

---

7. 琴：옛날 일본의 현악기의 총칭. 거문고

8. 尺八：통소

9. 長歌：5・7조를 되풀이하고 마지막을 보통 7・7로 하는 노래

10. 短歌：長歌에 대해, 5・7・5・7・7의 5구체의 노래

11. 旋頭歌：5・7・7 / 5・7・7처럼 한 쪽을 반복한 6구(句) 형태의 노래

12. 片歌：5・7・7 또는 5・7・5의 3구(句)로 1수(首)를 이루는 노래로, 奈良시대 이전에는 문답으로 많이 쓰임

よくわからず、諸説あるが、万葉時代[1]には既に確立していた。

　俳句は、五七五の三句の定型から成り、季語[2]を含むことを約束とする日本独自の短詩型文芸である。俳諧(連句)の発句(第一句目)が独立してできた。「俳諧の句」を略した語で、もとは連句[3]の各句をもさしたが、明治中期、正岡子規が俳諧革新運動において、旧派の月並俳諧[4]における「発句」に抗する意図でこの語を使用したことから、一般化し定着した。

　川柳とは、前句付けから付句のみが独立した十七字無季の短詩である。江戸中期頃から、切れ字[5]の制約もない口語詩として流行った。人情・世態・風俗を鋭くとらえ、滑稽[6]・風刺・機知などを特色とする。

　短歌、俳句、川柳の創作は、現在でもきわめて活発に行われている。プロの歌人だけではなく、アマチュアの歌人も投稿する機会が多く設けられており、積極的にチャレンジしている。

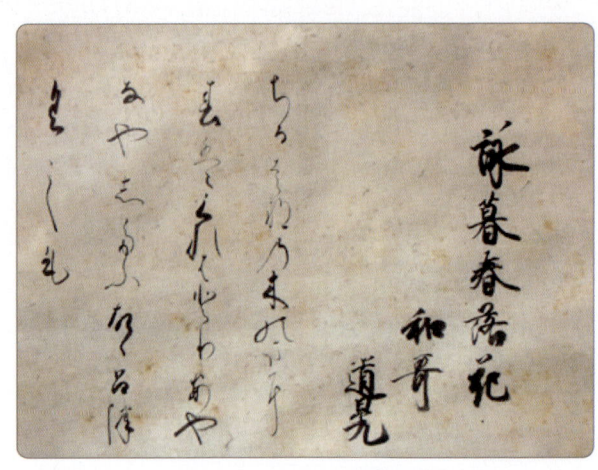

1. 万葉時代 : 7세기 후반에서 8세기 후반 경
2. 季語 : 계절을 나타내기 위하여 정해진 말
3. 連句 : 俳諧에서 장구와 단구를 섞바꾸어 길게 이은 구
4. 月並俳諧 : 매월 정례적으로 열리는 俳諧 모임

5. 切れ字 : 連歌나 俳諧의 첫 구에서, 한 구로서 의미를 완결시키기 위해 수사적으로 말을 마치는 형태를 취하는 말
6. 滑稽 : 익살맞고 능숙하게 말을 그럴싸하게 말하는 것. 변하여, 익살. 해학

2 現代文化

　日本の現代文化は、全体としてみれば活況を呈して[7]いる。その理由として、日本人はストレートに物事を表現するのを嫌いかつ苦手で、他人への気配り[8]に長けて[9]いるので、人間の心理を細かく婉曲に描写するのが得意である。

　また、大衆文化が非常に発達していることも、日本の現代文化の特徴である。大衆文化は、日本の現代文化を厚みのある[11]ものとしている。

● 文学

　現代の日本においては、文学活動はきわめて活発であり、その内容もジャンルを問わず多岐にわたっている[12]。

　純文学の世界では、谷崎潤一郎、川端康成、三島由紀夫、大江健三郎などの作品が、翻訳によって海外に広く紹介されている。特に、川端康成は1968年に、大江健三郎は1994年にノーベル賞を受賞したことで、よく知られている。両者のノーベル賞の受賞理由は、前者が「日本独特の情緒を描き出している」、後者が「世界的に普遍性のある問題を提起している」といったように、まったく

川端康成

大江健三郎

---

7. 活況を呈する：활황을 보이다
8. 気配り：배려
9. 長ける：어떤 방면에 뛰어나다, 원숙하다, 숙달하다
10. 厚みがある：깊이가 있다

11. 多岐にわたる：여러 방면에 걸치다, 여러 방면으로 나뉘다

対照的であるのがおもしろい。

　このように、現代の日本の純文学は、世界的にも評価されつつあるが、現代の日本文学をさらに厚みのあるものとしている要因として、大衆文学の発達が挙げられる。特に、推理小説は広く大衆に読まれている。推理小説といえば、イギリス、アメリカ、フランスの作家が世界的に有名であり、日本でも多くが翻訳され、また映画化やドラマ化もされて、広く紹介されている。

　しかし、日本人の推理作家の数もかなり多い。彼らの作品は、巧妙なトリックを用いたものが多く、作品の質という点でも欧米に引けを取らない[1]。ベストセラーの上位にも常に食い込み[2]、幅広く読まれている。また、映画化やドラマ化もされている。例えば、松本清張、山村美紗、森村誠一などは、人気の高い作家である。

宮崎駿

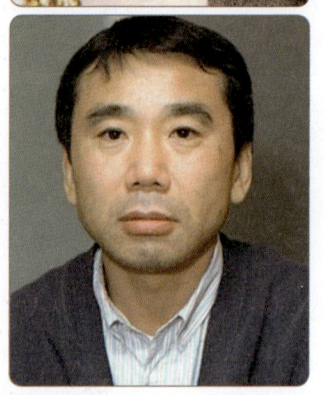

村上春樹

● 映画

　日本映画もその活動内容は多岐にわたっている。欧米の権威ある映画祭でも、数々の賞を受賞し、実績を残している。また、日本映画の特徴として、アニメ映画が発達していることが挙げられ、欧米とは異なるオ

---

1. 引けを取らない：뒤지지 않다
2. 食い込む：깊숙이 파고들다, 죄어들다, 배기다

リジナルな面も有して³⁾いる。

　日本では、映画館で映画を見る人は減った。映画館に行かなくても、自宅でテレビやビデオで映画を見ることができるようになったためである。テレビの衛星放送でも映画を見ることはできるし、レンタルビデオショップに行って、映画のビデオを借りて来て、家で見ることもできる。

　しかし、今世紀に入って、映画館の数は横ばいになった。スクリーンをいくつも併設⁴⁾した大きな映画館が、大型ショッピングセンターなどに開館するようになったためである。これらの新しい映画館のほとんどは盛況である。若者たちのデートスポットともなっている。

● 美術

　日本の美術界は、日本画と西洋画からなるが、いずれのジャンルにしても、我々は比較的身近に接することができる。日本では美術館の数は非常に多い。国、地方自治体、企業、個人など、その運営団体は多岐にわたっている。また、デパートに美術館が併設されているところもある。

　洋風建築の家が増えたことで、絵を飾るスペースができ、居間に絵を飾る家も増えている。しかし、1990年代のバブル経済の崩壊⁵⁾により、高価な絵を手放さざるを得ない⁶⁾家庭も増えている。

---

3. 有する : 가지다
4. 併設 : 병설, 함께 설치함
5. 崩壊 : 붕괴

6. 手放さざるを得ない : 손에서 놓지 않을 수 없다, 팔지 않을 수 없다

🟠 音楽

日本の現代音楽は、大きく分けてクラシック音楽と歌謡曲からなる[1]。

クラシック音楽の分野では、指揮者の小沢征爾、ピアニストの中村紘子などに代表される数多くの日本の音楽家が、欧米のコンクールで数々の入賞を収め、それをきっかけとして欧米で活躍している。ベルリン・フィルに代表される欧米の一流のオーケストラの団員として、活躍する演奏家も多い。

このように、日本の演奏家が欧米で活躍できる理由としては、日本人は協調性に優れて[2]いるので、オーケストラという合奏の形態も日本人に合っていることなどが挙げられる。

国内にも数多くのオーケストラがある。東京だけでも九つもある。また、大阪のザ・シンフォニーホール、東京のサントリーホール、オーチャードホールなど音響効果の優れた大ホールが、近年全国各地で相次いで[3]造られるようになり、演奏会も活発に開催されている。しかし、その一方、ファンの数が限られているので、供給過剰の感は否めない[4]。

小室哲也

中村紘子

小沢征爾

---

1. ～からなる : ～으로 이루어지다
2. 優れる : 뛰어나다, 빼어나다
3. 相次ぐ : 잇따르다

4. 否めない : 부정할 수 없다

音楽教育による成果も見逃す⁵⁾ことができない。日本では、幼稚園や小学校低学年の内からピアノを習わせている家庭が多い。女の子のお稽古ごととしては、ピアノはもっともポピュラーなものの一つである。したがって、ピアノは家庭でも多く普及している。また、日本には数多くの音楽大学がある。音楽大学の中で邦楽を教える所はごく僅か⁶⁾で、ほとんどは洋楽を教える大学である。全体的に見ると、日本人は洋楽の教育にはいたって熱心といえよう。

日本の歌謡界は演歌とポップスからなる。

演歌は日本独特のジャンルで、「こぶし」といって、独特に喉を震わせる技法を用いて歌う。韓国にも似たようなものがあり、日本の有名な歌手でも、在日韓国・朝鮮人が比較的多い。現代の日本では、演歌のCDの売れ行き⁷⁾は芳しく⁸⁾ない。また、若者の演歌離れ、ファンの高齢化も進んでいる。

ポップスは、近年の演歌の低迷をよそに⁹⁾、国民の間で広く親しまれている。ファンは比較的若年層が多い。日本のポップスはアメリカの模倣という感が強く、オリジナリティーに乏しい¹⁰⁾。アメリカ人の歌手が来日すると大騒ぎになるが、日本人の歌手がアメリカに行っても騒がれることはない。ただ、東南アジアにおいては、名の通った日本人の歌手も若干名いる。

日本人はカラオケ好きである。各地にカラオケ・ボックスがあり、また、スナックにもたいていは、カラオケが備え付けられている。そこでは、演歌もポップスもリクエストできる。このカラオケ文化は、海外

---

5. 見逃す : 간과하다, 못보고 놓치다
6. 僅か : 조금, 약간
7. 売れ行き : 팔림새

8. 芳しい : 향기롭다, 바람직하다, 훌륭하다
9. 低迷をよそに : 침체를 아랑곳하지 않고
10. 乏しい : 부족하다, 빈약하다, 가난하다

でも特に、日本人の駐在員の多い都市を中心に、輸出されるようになった。

漫画本

⬤ 漫画

　日本では、漫画文化が発達している。漫画は、たいてい子供の間で愛読されるものであるが、日本では、大人も漫画を読む。電車の中では、漫画を読んでいるサラリーマンの姿も珍しくない。日本の漫画は、大人も楽しめる優れた内容のものが多いのが特徴である。これらのすぐれた漫画は、欧米にも輸出されている。

　現在では、漫画の内容は極めて多岐にわたっている。歴史や経済を漫画で説明したり、日本文学の古典が漫画になったりもしている。

① Jポップ

日本のポップミュージック(Jポップ)はアジアの若者の間で人気が高く、特に香港、台湾、韓国で熱狂的に受け入れられている。

小室哲哉

1997年5月に小室ファミリーの初めての台湾公演があった。二日間の公演で台北のサッカー場に4万人以上の若者を集めることができたという。ところでこれほどまでの小室の人気は台湾でどのように培われて[1]きたのだろうか。

小室作品をアジアで展開するための戦略会社にROJAM[2]がある。小室がROJAMを作ったのは1998年だった。ROJAM設立に先立つ[3]台湾公演は、小室が自分の実力を計るために、大赤字を出しながら決行したものだとも伝えられている。

つまりアジアで積極的なプロモーションを始める前から小室は台湾で人気があったということだ。

小室の台湾公演のケースに限らず、日本の音楽業界は1990年代の後半までアジアでは目立ったプロモーションをしてこなかったといってよい。プロモーションもしないのに日本の人気アーティストがアジアでも大人気になることの背景には、衛星放送やカバー曲に加えて、アジアの

---

1. 培う : 배양하다, 육성하다
2. ROJAM : 小室가 창립한 예능프로덕션. 지금은 없어짐
3. 先立つ : 앞서다

国々にくまなく¹⁾流通しているいわゆる「海賊盤」のCDの「功績」もある。その点は「海賊盤」を目の敵にしている日本の音楽業界と言っても認めざるを得ないだろう。

アジアの国々ではCDの「海賊盤」が100円前後という値段で売られている。最近のパソコンを使えば、CDのコピーは素人²⁾でもたやすい。

しかも、カラープリント技術が進んだので、CDのラベルやジャケットもカラーできれいにコピーすることができる。正規盤か「海賊盤」か素人目にはわからないようなCDも増えてきている。「海賊盤」CDの種類は大変豊富でアジアの大都市に行けば、Ｊポップの人気アーティストのアルバムはほとんど全部「海賊盤」で手に入る。

それでも近年は規制が厳しくなったので、「海賊盤」は以前よりもはるかに入手しづらくなっているという。

ところで、発展途上国の音楽市場での「海賊盤」CDには権利者側が決して口にしない、大きなメリットがある。それは、労せずして³⁾外国の市場が開拓されることである。Ｊポップのアジアの広がりは、お金をかけなくてもアーティストのプロモーションはできるという革新的なビジネスモデルの成功例を示しているのである。

つまり、実力のあるアーティストの作品は、ときには「海賊盤」やカバー曲という形を取りながらも、放置しておけば民衆の間に広がる。そして、業界は人気が出た後でその規制に乗り出せば⁴⁾よいのである。

そのような「海賊盤」やカバー曲を暗に認め、プロモーションに大金を投じないビジネスモデルがあり得ることを音楽業界は既に知ってい

---

1. くまなく：구석구석까지, 샅샅이
2. 素人：아마추어, 비전문가
3. 労せずして：애쓰지 않고, 공을 들이지 않고
4. 乗り出す：착수하다, 출범하다

現代日本事情と文化

70

る。しかし、それを認めることは、著作権の強化を一貫して訴えてきた業界の建前[5]や主張の根拠を破壊する。

　目の前に開かれた音楽ビジネスの新パラダイムを業界はすぐに認めるわけにはいかないのである。

　1980年代後半から日本の音楽業界の新たな1つの大きな流れとしてロックが流行した。かつて、天才ギタリストの布袋寅泰がメンバーだったBOOWYというバンドが1980年代末まで若者の間で爆発的な人気を集めており、その勢いを受け継いだ[6]X JAPANのYOSHIKIやHIDEがビジュアルロックに脈を引き継いだ[7]。

　日本のビジュアルロックは、韓国でも早くから若者の間で人気を集め、韓国内で本格的に日本の音楽ブームを巻き起こすきっかけとなった。男女の見分けも難しいような濃い化粧、―いや、化粧というよりも扮装に近いと言える―非現実的で特異な衣装と優れた演奏力による強烈なパフォーマンス。実在するというよりもむしろ想像の中の人物のように感じられる。

　日本で最初にビジュアルロックを成功させたバンドは、天才ドラマーのYOSHIKIが率いる[8]伝説のバンドX

BOOWY

X JAPAN

5. 建前：本心(本音)に見据え 겉으로 드러내는 태도
6. 受け継ぐ：이어받다, 계승하다
7. 引き継ぐ：넘겨 주다
8. 率いる：이끌다, 인솔하다

(1992年から「X JAPAN」)である。彼らは自らがビジュアルロックであると名乗りを上げ[1]、本格的にこれを大衆化させた。リーダーでありドラマーのYOSHIKIが作ったEXTASYレーベル(ビジュアルロック専門レーベル)やLUNA SEA、GLAYが1980年中盤から1990年代中盤に至るまでXとともに高い人気を集め、ビジュアルロック全盛期を迎えた。

GLAY

この頃から歌手の衣装やパフォーマンスを真似たコスプレ[2]が流行し始め、日本特有のアニメーション音楽とともに、非現実的な音楽世界を繰り広げることで多くの若者の憧れの対象となった。しかし、これらのバンドは次々に解散し、現在正統的なビジュアルロックを固守しているバンドはごく少数のみが残り、ライブハウスなどで見ることができる。

LUNA SEA

以前のメジャー級ビジュアルバンドは、時代が変わるにつれて次第に[3]その性格も変わっていった。大きく

L' Arc～en～Ciel

---

1. 名乗りを上げる：自己の名前を明かして乗り出す
2. コスプレ：ゲームや漫画の中の登場人物に扮装して楽しむこと
3. 次第に：しだいに、次々と

変わっても現在に至るまで、その名声を維持し、人気を集めている代表的なバンドはGLAYやL'Arc～en～Cielである。かつて⁴⁾のように濃い化粧や中性的な衣装ではないが、更に発展した音楽性で日本のビジュアルロックの歴史を継いでいった。

　一方、バンドを解散し、ソロで活動を続けているアーティストもいる。BOOWYのボーカル氷室京介やギタリスト布袋寅泰、MALICEMIZERのボーカルGACKT、韓国でもソロ公演を開いて話題となった元LUNA SEAのボーカル河村隆一がその代表的アーティストだ。

　日本では以前ほどではないとしても作品を発表するのはシングル中心である。アルバムは先行シングルの曲を中心に組まれ、後に評判の良い曲をシングルとしてリカットしたりもする。日本はシングル曲中心の文化なので、ベストアルバムがバカ売れ⁵⁾するのもそういった背景があるのだろう。「合理的」だが「粗製濫造」の日本の音楽業界といえる。

　絶対に消えることのないビッグスター、大物歌手—実力派集団、日本の大衆歌謡すなわちＪポップを支えている世代、第１世代であり、少なくともデビュー15年以上になるオールドアーティストたち。概ね⁶⁾1970年代から登場し、現在も活発なコンサート活動とアルバム制作を展開している。根性あるアーティストの中のアーティストたちだ。新しいアルバムが発表されるたびに話題になるのはもちろん、CD販売量も常に上位圏が定位置である。これはマニア級の筋金入り⁷⁾のファンが多く、性別と年齢を問わず⁸⁾多くの人に愛されているからである。サザンオールスターズの公演は家族みんなで楽しめることで有名である。日本の音楽

---

4. かつて : 옛날, 이전, 일찍이
5. バカ売れ : 아주 많이 팔림
6. 概ね : 대체로, 대강
7. 筋金入り : 철근이 들어 있는 것, 견실함

8. ～を問わず : ～을 불문하고

の精神的な支えとも呼ばれている彼らは、既に[1]韓国でも広く知られている。

そしてチャゲ&飛鳥は、ドラマ『101回目のプロポーズ』の主題歌『SAY YES』をヒットさせ、既に韓国公演を何度も行って大盛況のうちに終わらせている。また、サザンオールスターズや尾崎豊、TUBEなどの曲は以前から韓国語にリメイクされて歌われている。

第1世代の音楽性を継ぐ世代の実力派としては、韓国公演も行った人気グループ、スピッツを始め、国民的バンドMr. Children、女性ボーカルバンドのDreams Come True、万能タレントの福山雅治など以前から大衆に人気の高いJポップの代表的アーティストがいる。

男性アイドル専門の芸能事務所、ジャニーズ事務所はオーディションやスカウトで芸能人を育成している。彼らは歌だけでなく演技、コメディ、モデル、MCなど様々なエンターテインメント分野で活動している。

彼らがJポップの1ジャンルとされる理由の1つを、国民的スター

---

1. 既に：이미, 벌써

SMAPを通してみることができる。

　SMAPは日本のオリコンチャートに常に登場するＪポップを代表する歌手である。彼らは日本のトップスター、木村拓哉が属するグループとして、ジャニーズ事務所の中でももっとも有名である。

　小学校に上がる前からレッスンを受けるジャニーズ事務所のタレントたちは各分野で才能が認められると本格的にソロやグループに編成されて活動するようになる。2000年にタッキーという愛称でトップスターとなった滝沢秀明は、第２の木村拓哉の有力候補として、同じジャニーズ事務所所属の人気スター、今井翼とのデュエットで大人気となった。

　これに対抗する女性アイドル軍団はつんくが育てている。シャ乱Qというバンドのメンバーだったつんくは、先述のプロデューサー小室哲哉をブランド化させたテレビ番組「ASAYAN」を引き継ぎ、特に幼い女性アイドルを対象に商業性の優れた[2]音楽を制作し、企画力あるプロデューサーへと変身した。

　1990年代中盤、５人で構成されたモーニング娘は、もともとオーディションに脱落し

秋元康

ＡＫＢ４８

---

2. 優れる：뛰어나다, 빼어나다, 우수하다

たメンバーを集めて敗者復活方式で作ったグループだったが、意外にも反応がよく、今の華やかな記録を残すこととなった。

2005年に作詞家の秋元康が「会いに行けるアイドル」をコンセプトに掲げたAKB48を結成した。チームA、チームK、チームB、チーム4と4つのチームで構成され、東京の秋葉原に「AKB48劇場」という専用の劇場を持ち、チームごとに日替わりでほぼ毎日公演を行っている。従来の日本のアイドルや近年の韓国のアイドルとは異なり、未完成で素人[1]っぽさの残るアイドルたちが、公演を通して成長している過程をファンに感じてもらうことを特徴としている。

最近の男性アイドルの顔を見ると、とても男とは思えないほどのきれいな顔にほっそりしたスタイルにきれいな声を持ち、少しくらいの音痴でも許されてしまう。

シャ乱Q

モーニング娘

安室奈美恵

---

1. 素人 : 비전문가, 아마추어

日本で最も売れているレコード会社と言えばCHEMISTRY、TUBE、中島美嘉、平井堅らが所属しているソニー・ミュージックエンタテインメントである。今ももちろん大企業として、多くの有名アーティストたちの音盤を制作しているが、現在最も勢いのあるレコード会社と言えばエイベックスになるだろう。

浜崎あゆみ

エイベックスはもともと小さなベンチャー企業としてスタートし、自由な雰囲気と流動性で、既存の大企業のレコード会社と比べて、よりいっそうアーティストの音楽性を重視する新しい企画力を持つレコード会社であり、高いエンターテインメント性で知られている。常に最先端[2]の音楽を発表し、クロスオーバーなど1つのジャンルにとらわれない多彩なクラブミュージックがその柱となっており、徐々にロック、HipHop、R＆B、アニメやゲームの音楽などアーティストの範囲を拡張し続けている。

宇多田ヒカル

Misia

2. 最先端：최첨단

エイベックスが決定的に有名になったのは、浜崎あゆみの功績が大きいと言える。

安室奈美恵からバトンタッチされて若者のトレンドを引っ張るスターとして、現在までの女子高生文化を作ってきた。

その他、小室ファミリーの代表である安室奈美恵に始まり、Every Little Thing、DA PUNP、Do As Infinity、Boaなど現在のJポップのトップアーティストの多くが所属している。

また、1990年代後半から韓国、台湾、香港などで同じ系列の会社を作ってアジア進出に目を向け、2000年11月には韓国のSMエンターテインメントとライセンス契約を結んで、日韓音楽交流にも重要な架け橋[1]の役割を担っている。

Jポップのメロディは何処となく似通っていて、日本的なものである。しかし、これが崩壊したのが1999年、宇多田ヒカルが『Automatic』で約3か月以上もオリコンチャートの1位となったのがそれである。

アメリカ生まれの宇多田ヒカルがもたらしたR＆B、そしてそれにルーツを置いて発展したHipHop、レゲエ、スカファンクなどの相次ぐ熱いブーム。日本の音楽のテリトリーは変わり始めた。英語の発音も片仮名式からオリジナルに変わり、歌手の歌唱法も演歌式バイブレーションからR＆B式に変化した。

代表的な歌手には、デビュー当時18歳という年齢が信じられなかったほどのR＆B歌唱法を身に付けた小柳ゆき、Misia、倉木麻衣、甘いボ

---

1. **架け橋**：가교, 서로 떨어져 있는 두 대상을 이어 주는 것

ーカルの美男デュエットCHEMISTORY、純日本人ながらもルックスは
アメリカ人のような平井堅、そしてパンクとHipHopに革命をもたらし
たDragon Ashなどがいる。

　日本の音楽ジャンルはたいへん多様であり、各ジャンル別に発展して
きた。これらは昔から定着してきた社会システムと開放的でグローバル
な音楽市場、優れた施設を持つ数多くの公演会場、豊富な楽器産業とエ
ンターテインメント事業など、分野ごとに体系がしっかり構築されてい
るためだろう。

② 漫画・アニメ・ゲーム

　1963年にアメリカで手塚治虫[2]の『鉄腕アトム[3]』(アメリカでは『ア
ストロボーイ』)が全米ネットで放映され、子どもたちの人気を得た。

　しかし、残念なことにこの漫画が同時に出版されたものの体裁がこと
ごとく[4]アメリカンコミックスの形を取っていて、読者や視聴者はこの
原作者が日本人だと思うことは全くなかったという。だが、やはりこれ
が日本アニメの突破口となり、徐々にではあるが日本のアニメはアメリ
カに進出していった。

　海外での映像関係者、特にアメリカの業界人に日本のアニメの特徴を
聞くと、必ず帰ってくる答えは「アメリカのアニメは子どものものだ
が、日本のアニメは大人のもの」というものだった。しかし、そんな海
外では大人が子どもと一緒にアニメを見るということはあっても、大人
だけでアニメを見るということは稀[5]であろう。

---

2. 手塚治虫 : 1928년~1089년. 만화가. 일본의 만화 표
　현의 기초를 세웠다. 일본에서 만화의 신으로 통함
3. 鉄腕アトム : 우리나라에서는 1970년에 '우주소년 아톰'
　이라는 제목으로 TBS를 통해 최초로 방영됨

4. ことごとく : 전부, 모두
5. 稀 : 드묾, 좀처럼 없음

日本の大人が漫画を読んでいるのを外国人が奇異に感じるのも同じことである。「アニメは大人の表現でもある」という日本からの声は、海外の業界人には届いても一般の人々に浸透するまでには至っていない。

アメリカで日本のアニメが広まったのは最初、マニアの間だけであった。それが次第に幅広い年齢層に受け入れられるようになったのは、いくつかのアニメにそれぞれの年齢層が付いてきたからであった。『セーラームーン』が女性獲得の扉を開き、『ふしぎ遊戯』『少女革命ウテナ』がその道を作った。

鉄腕アトム

AKIRA

もののけ姫

　『AKIRA』『EVANGELION』そして『もののけ姫』もヒットした。大友克洋[1]の『AKIRA』(1988年)は世界に向かって、アニメは子どもの専有物ではなく、大人のための表現にもなり得るのだということを宣

---

1. 大友克洋：1954년생. 만화가, 영화감독. 펜 터치에 의존하지 않고 균일한 선으로 치밀하게 표현하며, 복잡한 원근법이나 투시도의 화면 구성 등 기존에 없었던 작품을 창 조하여, 1980년대 이후의 만화계에 커다란 영향을 끼침. 예술문화훈장을 받음

言した映画であった。単純化して大人と言っているが、ここでは小学生くらいまでの子ども以外を対象にしたものを指し、正確には「子ども向けではない」と言った方が正しいのかもしれない。

『もののけ姫』はアニメが大衆向けのくだらないものではなく、成熟したアートの様式として考慮すべきメディアであることをはっきりとアメリカの映画評論家たちに知らしめた[2]のである。

そして子どもの心をつかんだのは紛れもなく[3]あの有名な『ポケットモンスター』である。

日本の漫画が成功した理由は、優れたアニメ技術、漫画を海外に進出させた人々の努力も大きいが、何よりも内容が日常的、現実的であり、思いがけない[4]展開を見せることにある。

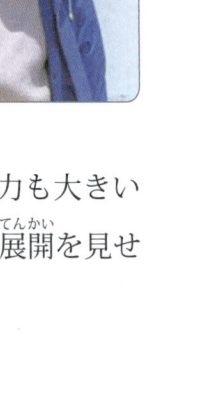

ポケットモンスター

千と千尋の神隠し

HANA-BI

---

2. 知らしめる : 알게 하다, 알리다
3. 紛れもなく : 틀림없이, 확실히
4. 思いがけない : 의외다, 뜻밖이다

日本の漫画は「超長編」が多くて、しかも表現方法が多様なため、まるで映画や小説のような効果が出せる。

　宮崎駿監督の『千と千尋の神隠し』は、2002年のベルリン国際映画祭で初のアニメ作品としてグランプリを獲得し、2003年のアカデミー賞長編アニメ部門でもオスカーを獲得した。

　1997年のカンヌ国際映画祭では今村昌平監督の『うなぎ』がパルム・ドール(最高賞)に、河瀬直美監督の『萌の朱雀』が新人賞に輝いた。1998年のベネチア国際映画祭では北野武監督の『HANA-BI』がグランプリを獲得した。これらの作品に共通するのは、いずれも現代日本のありのままの姿を描いている点である。

　むろん評論レベルばかりではない。2002年の世界の検索サイトでの検索ワードの第1位は『ドラゴンボールZ』であった。

　ありのままの日本が欧米に受け入れられているのは、カブキ、スモウ、ゲイシャといった旧来のエキゾチシズムやオリエンタリズムとは様相を異にして[1]いる。そして今、日本のポップカルチャーが示す伝播力、浸透力、影響力は、かつて浮世絵[2]が印象派[3]の誕生に与えた刺激よりもはるかに大きいといえよう。

　日本初の産業として競争力を発揮している漫画、アニメ、ゲームは世界のメディアエンターテインメント市場の1/3を占めるという。

　漫画、アニメ、ゲームはいわば兄弟の関係にある。漫画は1960年代に日本で特異な発達を見せ、1970年代に現在のビジネスモデルを確立した。アニメは漫画表現を土台とし、テレビやビデオの発達とともに成

---

1. 異にする：달리 하다
2. 浮世絵：江戸시대에 발달한 민중적인 풍속화의 한 양식. 손으로 직접 그리기도 했지만, 특히 판화에 있어서 독자적인 미(美)를 개척. 1765년에 다색쇄판화(多色刷版畵)가 창시되어 황금기를 맞음. 주제는 유곽이나 연극의 정경, 미녀, 배우, 씨름 선수 등의 얼굴을 중심으로 역사화나 풍경, 화조(花鳥)에 이름

長した。国際的にも1980年代からの20年間で日本のアニメは世界のテレビアニメをリードする存在となり、そのフィールドバックによって日本の漫画も国際的に認知されるようになった。

　そして1980年代に登場した家庭用ビデオゲームは、コンピューターの進化を背景に、漫画やアニメを表現の土台として1990年代に急成長した。コンテンツとゲーム機の双方が相乗的に高度化しつつ、漫画やアニメをしのぐ世界市場を作り上げ、その大半を日本企業が担っていた。

　日本市場の<ruby>際立った<rt>きわだ</rt></ruby>4)特徴がジャンルの多様性と<ruby>細分化<rt>さいぶんか</rt></ruby>である。漫画は1940年代後半の手塚治虫の登場と、<ruby>大衆雑誌<rt>たいしゅうざっし</rt></ruby>の登場により、子どもを対象とした大衆文化として<ruby>爆発的<rt>ふきゅう</rt></ruby>した後、1960年代後半に<ruby>白<rt>しら</rt></ruby><ruby>土三平<rt>と さんぺい</rt></ruby>、つげ<ruby>義春<rt>よしはる</rt></ruby>、<ruby>林静一<rt>はやしせいいち</rt></ruby>に<ruby>受け継<rt>う つ</rt></ruby>がれる。手塚的表現に<ruby>対峙<rt>たいじ</rt></ruby>5)するような<ruby>静的<rt>せいてき</rt></ruby>でシリアスでアート的、<ruby>哲学的<rt>てつがくてき</rt></ruby>な大人向けの漫画表現が<ruby>続々<rt>ぞくぞく</rt></ruby>と<ruby>登場<rt>とうじょう</rt></ruby>した。

　雑誌も少年向け、少女向け、青年向け、若い女性向け、ビジネスマン向け、大人の女性向けといった<ruby>専門性<rt>せんもんせい</rt></ruby>が<ruby>定着<rt>ていちゃく</rt></ruby>している。ポルノ漫画もコンビニエンスストアなどの雑誌売り場で<ruby>豊富<rt>ほうふ</rt></ruby>にみられる。政府のＰＲ、<ruby>法令<rt>ほうれい</rt></ruby>の<ruby>解説書<rt>かいせつしょ</rt></ruby>、<ruby>家電<rt>かでん</rt></ruby>の<ruby>取扱<rt>とりあつかい</rt></ruby>説明書も漫画の場合がある。漫画表現が広く浸透し、空気のような存在になっている。

　アニメもアメリカとは異なる発達の道をたどった。アメリカのアニメがハリウッド制作の劇場向けが中心であるのに対して、日本のアニメはテレビアニメが中心である。テレビアニメ<ruby>同士<rt>どうし</rt></ruby>を<ruby>比較<rt>ひかく</rt></ruby>しても、アメリカは<ruby>一話完結<rt>いち わ かんけつ</rt></ruby>ものが多いのに対して、日本は<ruby>連続長編<rt>れんぞくちょうへん</rt></ruby>シリーズが多い。

---

3. **印象派** : 빛의 변화에 따라 다양하게 달리 보이는 자연을 그 순간적 장면 그대로 묘사하려 한 유파. 대상의 고유한 빛을 거부하고 주로 원색에 가까운 빛으로 대상을 표현

4. **際立つ** : 두드러지다, 눈에 띄다

5. **対峙** : 대치. 마주보고 섬

そしてジャンル面では、日本には大人向けアニメが多いという特徴がある。

　大人も対象とするアニメは1970年代から登場してきたが、1980年代には作家や監督も注目されるようになり、宮崎駿、大友克洋、押井守、庵野英明らはアーティストとしての名声が確立している。コアなファン層[1]を対象に、ＳＦや美少女ものなどのビデオアニメも市場を築いている。

　ビデオゲームの発達は日米同時に始まったこともあり、まず1980年代にはシューティング、アクション、スポーツなど日米共通のジャンルが成立していった。

　だが1990年代に入ると漫画やアニメの影響が色濃くなり、日本では多様なジャンルが発達していく。

　ロールプレイングゲーム、格闘、リズムアクション、恋愛シミュレーション、歴史シミュレーション、キャラクター育成、対話ゲームなど独特の表現文化と市場を開拓していった。ゲームソフト市場が1995年をピークに減少傾向にあるが、ソフトのタイトル数はこの10年間で倍以上となっている。

　このように漫画、アニメ、ゲームの市場は多彩な層の趣味をきめ細かく[2]満たすように広がってきた。同時にそれは多様なジャンルを形成する幅広い作家群が存在することで成り立っている。

　市場が多様化・細分化する一方、漫画、アニメ、ゲームはひとまとまり[3]の産業分野を形成している。特にポップな視覚表現として先行していた漫画が基盤を形成している。

---

1. コアなファン層：핵심적인 팬층, 골수팬
2. きめ細かい：세세한 점까지 용의 주도하다, 꼼꼼하다
3. ひとまとまり：한 덩어리

日本のテレビアニメは1963年の手塚治虫の『鉄腕アトム』に始まり、当初から漫画を土台とした分野であった。現在もアニメ作品の60%が漫画を原作^{げんさく}としている。

　ゲームも当初は独自キャラクターによるものが中心であったが、1990年代に幼児・少年向け漫画キャラクターのゲーム化が進展^{しんてん}した。逆^{ぎゃく}の動きとしてアメリカでは『スーパーマリオブラザーズ』や『ソニック・ザ・ヘッジホッグ』のように、日本のゲームからアニメに展開した例もある。

　キャラクターコンテンツをマルチユースする、いわゆるメディアミックスの典型例^{てんけいれい}4)が「ポケットモンスター」である。ゲームソフトとして登場したポケットモンスターは漫画化されてからテレビアニメで世界的に大ブレイクし、劇場アニメ、カードゲーム、ぬいぐるみやおもちゃへと展開していった。その後、メディア産業が企画段階から世界市場をにらんでメディアミックス展開する作品をプロデュースする例が増えている。

　このような状況^{じょうきょう}を支える需要^{じゅよう}は、大衆の、とりわけオタク（マニア）と呼ばれる層が中心を成している。マニアとはいえ、ひとまとまりの市場を形作^{かたちづく}る。漫画・アニメのオタクによるインディーズ作品の「コミックマーケット」（コミケ）は毎年行われているが、2002年8月には2日間で37万人が集まり、98億円を売り上げた。これはサッカーW杯の日本開催試合の入場料収入^{しゅうにゅう}を上回^{うわまわ}る額^{がく}である。

　この「コミケ」からヒットした作品のパロディが生まれ、ＳＦ、美少女など現代日本漫画のコアというべきトレンドが形成されている。

---

4. **典型例**：전형적인 예

05 日本の教育

現代の日本の学校制度の基本は、幼稚園(1〜3年)、小学校(6年)、中学校(3年)、高等学校(3年)、大学(2年制の短期大学、4年制の大学、6年制の医、歯、薬、獣医[1]の各学部)、大学院(修士[2]課程2年、博士課程3年)である。この他、中学校卒業生を受け入れる高等専門学校、主として高校卒業生を受け入れる専修学校や各種学校、心身障害者を受け入れる盲学校、聾学校[3]、養護学校(それぞれ小、中、高の課程がある)などがある。

　義務教育は、小学校、中学校の9年間であり、その就学率[4]は99パーセント以上である。高校進学率も高く、95パーセント以上にも上る。さらに、高校卒業者のほぼ3分の1が、大学に進学する。

　日本の小学校、中学校、高等学校では、校内暴力、いじめ、学級崩壊などの問題が表面化している。これらの問題の原因として、従来から

1. 獣医 : 수의사
2. 修士 : 석사
3. 聾学校 : 농아학교
4. 就学率 : 취학률

受験競争の弊害[5]が指摘され
てきた。かつての日本の学校
の入試問題はきわめて難解[6]
で、それが受験競争を激化さ
せ、子供たちの塾通い[7]を促
進し、ひいては[8]子供たちの
創造力を奪い、ストレスを激
化させるという反省から、入
試問題の改善には従来から真
剣に取り組んできた。それに
もかかわらず、問題は一向に
改善される兆しはない。中学
校での校内暴力が収まった[9]と

幼稚園の体験学習

小学校の授業風景

思うと、またいじめという新たな問題が発生し、それも収まったと思う
と、今度は小学校での学級崩壊が問題となるといった具合[10]である。し
たがって、校内暴力などの一連の問題と受験競争との因果関係はきわめ
て薄いといわざるを得ない。

　それでは、学校でのいじめなどの原因は何かというと、一つには、し
つけを学校任せにしていることにあるといえよう。

　このような子供たちが学校に通い、そのしつけを先生にすべておしつ
ける傾向がある。先生が子供に厳しくしようものなら、親からクレーム
が来る。子供が何か学校で問題を起こしても、親は自分の子をしかるの

---

5. 弊害 : 폐해

6. 難解 : 난해

7. 塾通い : 학원에 다님. 학원 통원

8. ひいては : 더 나아가서는

9. 収まる : 잠잠해지다, 가라앉다, 좋아지다

10. 具合 : 상태, 형편

ではなく、先生にクレームをつける。だから、先生は満足な指導ができない。このように先生が弱腰¹⁾になると、子供たちは増長²⁾してくる。それが、学校内における学級崩壊やいじめという事態になっている。

こうして問題が大きくなってくると、先生たちはマスコミの槍玉にも上がる³⁾。そうなると、先生たちは、親とマスコミの双方から突き上げ⁴⁾られ、まさに精神的な逃げ場を失っている。「家庭のしつけが基本」という言葉は、現在の日本では通用しないかも知れない。

　ところで、日本の大学入試は難しいと一般にいわれているが、それは国公立の大学や世間で一流と言われている一部の私立大学に限った話である。それらの一流大学に入れるために、東京や大阪の一部の母親は、子供を小さいうちから塾に通わせ、名門の私立の幼稚園、小学校、中学校に入れることに熱心である。地方の子供は、小学校から高校までをずっと公立に通い、それでも一流の大学に合格しているという事実があるにもかかわらずである。

---

1. **弱腰**：저자세임, 소극적임
2. **増長**：더욱 심해짐, 거들먹거림
3. **槍玉に上がる**：공격의 대상이 되다
4. **突き上げる**：압력을 가하다, 치밀다, 밀어올리다

日本の大学生は勉強をしないで遊んでばかりいるといわれているが、それは文科系の学生一部に限った話である。

理科系の大学は一般的に入るのが難しく、また入ってからもカリキュラムが多く勉強で忙しいため、学生生活をエンジョイしている暇はない。彼らの多くは大学院まで進学する。就職は、文科系の学生に比べて有利である。彼らは、企業の研究員として、日本の科学技術の向上に大いに貢献する。

一方、文科系の大学の多くは、入るのが比較的容易である。そのため、明確な目的意識を持たない生徒は、文科系に流れやすい。また、ただ単に「数学が苦手だから」という理由で、文科系に流れる者もいる。このような学生が文科系の大学にたくさん入ってくるので、あまり勉強をしないで、アルバイトと遊びに明け暮れて[5]いる学生も多い。とはいえ、文科系の学生でもまじめに勉強する者もいる。

文科系の学生の就職戦線は厳しい。その厳しい就職戦線を勝ち抜くと、厳しい研修が待っている。

---

5. 明け暮れる : 날이 가다, 세월이 흐르다, (~으로) 나날을 보내다

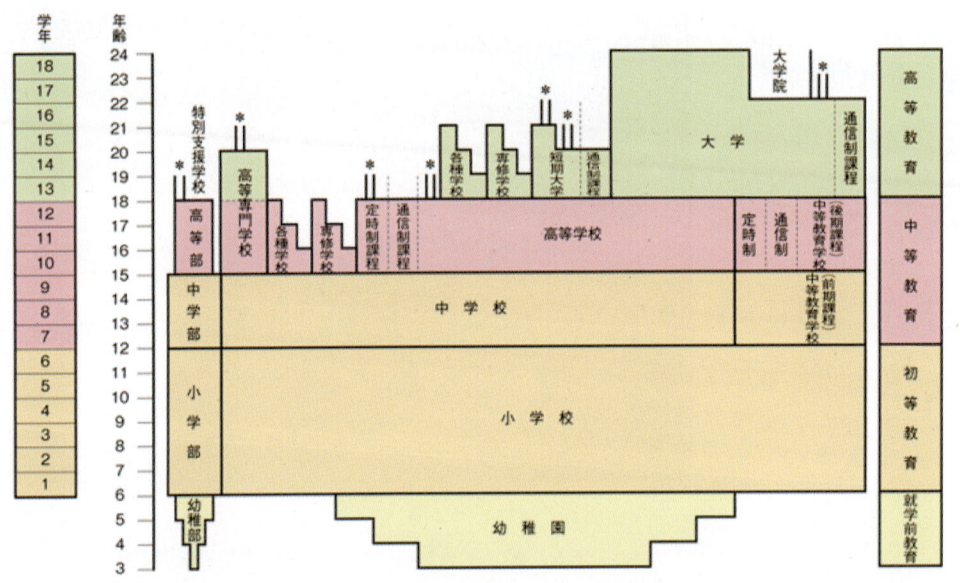

学年	年齢
18	24
17	23
16	22
15	21
14	20
13	19
12	18
11	17
10	16
9	15
8	14
7	13
6	12
5	11
4	10
3	9
2	8
1	7

（注） 1　■部分は義務教育を示す。
　　　 2　＊印は専攻科を示す。
　　　 3　高等学校，中等教育学校後期課程，大学，短期大学，特別支援学校高等部には修業年限１年以上の別科を置くことができる。
資料：文部科学省

　しかし、近年の企業はその業績の悪化から、即戦力[1]となる人材を求めるようになり、新入社員を育成する余裕はなくなってきた。そこで、企業が新規の採用を手控える[2]ようになると、就職できないであぶれた学生たちは、「フリーター」となる。近年では、自ら進んでフリーターの道を選ぶ学生も多い。

---

1. 即戦力：즉시 업무에 임할 수 있는 능력이나 그런 능력을
　가진 사람
2. 手控える：유보하다, 예비로 간직해 두다

　日本の宗教人口は、統計では神道と仏教がほぼ半々ということになっている。だが、実際の信者の正確な数は把握[3]できないのが実情である。それは、現代の日本人で真剣に[4]宗教を信仰している者は、きわめて少ないことによる。確かに、今でこそ数少なくなったが、日本の家庭には神棚[5]や仏壇がおかれており、神棚に向かって拝んだり、祖先を祭った仏壇に向かって拝んだりする。しかし、現代の日本人の生活のなかで、もはや宗教的な活動というものは、あまり大きなウェイトを占めていない。また、初詣は神社やお寺に行き、結婚式は教会で挙げ、葬式[6]はお寺で行うといったこともごく普通に行われており、好意的に見れば日本人は宗教に対して寛容[7]であるといえよう。

---

3. 把握 : 파악
4. 真剣に : 진지하게
5. 神棚 : 집안에 신을 모셔 놓은 공간
6. 葬式 : 장례식
7. 寛容 : 너그러움

🟠 仏教

　仏教は紀元前5世紀ごろイ
ンドで始まり、6世紀に中国
から朝鮮半島を経由して日本
に来た。平安時代になると、
空海が真言宗、最澄が天台宗
を開いた。さらに鎌倉時代に
は、法然が浄土宗、親鸞が浄
土真宗、道元が曹洞宗、日蓮
が日蓮宗、栄西が臨済宗を開
き、民衆の宗教へと定着して
行った。

金剛峰寺

比叡山延暦寺根本中堂

　現在の仏教は、主に葬式の
ときだけに利用されるものとなってしまっている。また、日本の仏教
は、例えば、お坊さんの結婚が認められていることに見られるように、
世俗化しているといえよう。

🟠 神道

　神道は、アニミズムの一種であり、自然を崇拝する気持ちが宗教と
なったものである。

　神道は初期のころには、開祖も教理もなかったが、平安時代に仏教と

---

1. 崇拝：숭배

融合し、神社の境内に神宮寺[2]を建てたり、お寺の境内に神を祭ったり、神前で読経が行われたりし、その後もさまざまな融合が行われ、現在に至っている。

現在、神社の数は約8万に上る。初詣、結婚式、合格祈願、厄除けなどの時に、神社を訪れる人は多い。

伊勢神宮内宮

伊勢神宮外宮

🟠 新興宗教

日本の新興宗教のほとんどは、仏教か神道かキリスト教の流れを汲んでいる。

新興宗教の特徴は、信者の年齢層が若いことである。悩みの多い現代の若者は、とことん人生相談に乗ってくれる教祖と信者に魅力を感じる。また、その教義も非常にわかりやすいものである。こうして、現代の若者は新興宗教に入っていく。

しかし、一部の新興宗教には数々の矛盾[3]がある。はたから見れば[4]その矛盾は明らかなのだが、信じている本人たちはその矛盾に気づかない。こうして、一部の新興宗教の信者たちは、霊感商法[5]やテロまがい[6]

---

2. 神宮寺 : 신사(神社)에 부속되어 설치된 사원

3. 矛盾 : 모순

4. はたから見る : 옆에서 보다. 객관적인 입장에서 냉정하게 보다

5. 霊感商法 : 상품에 초자연적인 영력이 있는 것처럼 믿게 하여 비싼 가격으로 판매하는 방법

6. ~まがい : (명사에 붙여서) 구분하기 힘들 정도로 비슷하게 한 것

の行為など、反社会的な行動を犯すこともある。それは現代における大きな社会問題にまで発展してきている。あるいは、彼らがもし仮にその矛盾に気づいたとしても、なかなかそこから抜けられない。

　ある程度年月が経（た）ち、大きくなってしまった宗教団体の中には、事実上政治団体と化してしまったものもある。

Unit 07 日本の歴史

1 日本のあけぼの

　日本列島が大陸とまだ陸続きであった数万年前から断続的に、東南アジア方面から旧石器人が日本列島に移住してきた。氷河期が終わり、一万数千年前、日本列島が大陸から引き離されると、彼らは、約一万年前、特異な土器を持つ縄文文化を築いた。彼らは狩猟採集民族であった。

　続いて、中国雲南省から揚子江流域、山東省、朝鮮半島を経由して、紀元前4世紀から2世紀にかけて、日本列島に相次いでやってきた一団がいた。彼らは、稲作[1]文化を日本列島に持ち込み、弥生文化を築いた。

　現在の日本人は、縄文文化を築いた縄文人と弥生文化を築いた弥生人

---

1. 稲作：벼농사

の混血であるが、後者が前者を吸収したため、縄文人の要素はきわめて薄い。縄文人の要素を今でも残しているのは、北海道のアイヌ、沖縄、鹿児島など限られた地域に過ぎない。

180年ごろ、女王卑弥呼の邪馬台国を盟主として、それぞれ王を持つ30国が分立した。邪馬台国がどこにあったかについては、北九州説と畿内説がある

3世紀から4世紀の初めに、大和政権[1]が誕生した。当時の日本には文字がなく、5世紀に中国から漢字を取り入れた。6世紀になると、中国から仏教も伝来した。7

平城京配置

平城天皇陵
大極殿
遺構展示館
内裏
平城旧跡資料館
第一次大極殿
第二次大極殿
宮内省（復元建物）
奈文研
第二次朝堂院
第一次朝堂院
東院
近鉄奈良線
第二次朝集殿院
兵部省
式部省
朱雀門
南面大垣（復元建物）
朱雀大路
壬生門
南面大垣（復元建物）

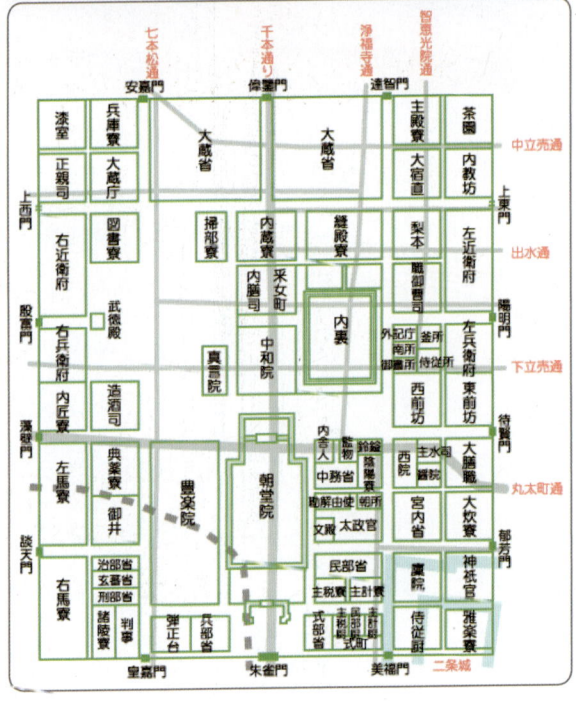

平安京大内裏復元図

---

1. **大和政権**：大和(지금의 **奈良県**)를 중심으로 하는 고대 정권, 여러 호족들이 연합하여 大王, 훗날에는 천황이라는 칭호의 군주를 옹립함

現代日本事情と文化

世紀になると聖徳太子が摂政となって国政に携わり[2]、中国の隋(581～618)に遣隋使[3]を派遣したり、17条の憲法を制定したりした。7世紀の半ばには、律令という法律を制定し、この体制は9世紀まで続くが、荘園という私有地を持った貴族が勢力を伸ばしてきて、体制は徐々に崩壊していった。

　平安時代(794～1192)になると、京都の平安京を中心に貴族文化が花開いた。初期のころには、中国の唐から、文学や仏教の分野で新しい文化が入ってきたが、894年に遣唐使を廃止してからは、日本独自の国風文化が花開いた。漢字を改良した仮名文字も発明された。

2 鎌倉・室町時代

　平安時代の後期になると、農業生産力の上昇によって有力者が出現し、武士が誕生した。その中で、平氏と源氏が有力となったが、源氏が平氏を滅ぼし[4]、1192年、源頼朝が鎌倉に幕府を開く。これが鎌倉時代の始まりである。以後、武家政治は約700年間続くこととなる。

　源氏は三代で途絶え[5]、その後北条氏が執権として政権を握ることになる。しかし、中国の元が1274年と1281年に攻めてきた。幕府の軍は、これをいずれもかろうじて[6]退けたが、恩賞[7]もなく不満を持つ武士たちが増え、幕府の力は衰えていった。

---

2. 携わる : 관계하다, 종사하다

3. 遣隋使 : 옛 중국의 수(隋)나라에 파견한 사절단

4. 滅ぼす : 멸망시키다

5. 途絶える : 두절되다, 끊어지다

6. かろうじて : 가까스로, 간신히, 겨우

7. 恩賞 : 임금이 내리는 상

鎌倉時代の文化は、武士や庶民に支持された新しいもので、特に仏教では次々と新しい宗派が開かれた。

室町時代になると、足利氏が京都に室町幕府を開き、それが240年間続く。この時代は、民衆の間にも文化が広がり、能、狂言、茶の湯、生け花もこの時代に基盤を確立していった。

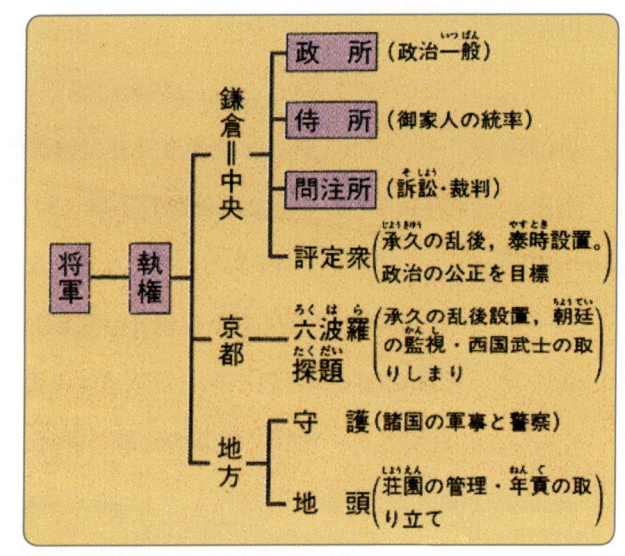

この時代の中ごろ、将軍の跡継ぎ¹⁾をめぐって応仁の乱が起き、その後日本各地で武田信玄、上杉謙信などの実力のある大名同士が争って、戦乱が約100年間続く。これを戦国時代という。

このような群雄割拠の時代にあって、頭角を現してきたのが織田信長である。しかし、彼は部下の明智光秀に京都の本能寺で暗殺される。

その跡を継いだのが、豊臣秀吉である。彼は二度も朝鮮を侵略したが、その戦いの途中で死んだ。

---

1. 跡継ぎ：대를 이음, 후사, 후계자

3 江戸時代

　豊臣秀吉の死後、政権を握ったのは徳川家康である。彼は、1603年江戸に幕府を開く。以後、江戸時代は約260年続く。

　彼の統治の仕方は、きわめて巧妙であった。例えば、大名(1万石以上の領地を持つもの)に、国元[2)]と江戸とを1年交代で往復させる参勤交代を義務づけ、大名の妻子は江戸に住むことを強制された。これは大名にとってはかなりの財政負担であり、大名の力を弱めるための巧妙な政策であった。

　江戸時代は、封建制と鎖国[3)]の時代といわれるが、それは一面的な見方である。

　この時代は、士農工商といって、武士、農民、職人、商人の身分がはっきりしていた。しかし、諸外国との比較という点で言えば、日本の封建制度はたったの4階級という見方もできるのであり、日本の歴史を全体的に見れば、総じて日本の社会は平等であるといえよう。

　また、鎖国の時代といっても、スペイン、ポルトガルとの通商を止めたということだけで、オランダ[4)]、清、朝鮮とは貿易を継続していたのである。日本人は外国の文化を模倣することに長けている。それもただ模倣するのではなく、自分に合わないものは切り捨て、合うものだけを上手に取り入れている。当時の日本は、キリスト教を自国に馴染ま[5)]ないものと考え、キリスト教の布教にこだわった[6)]スペイン、ポルトガルとの貿易関係を断った。

---

2. **国元**：고향, 자신의 영지

3. **鎖国**：쇄국

4. **オランダ**：네덜란드

5. **馴染む**：친숙해지다, 어울리다

6. **こだわる**：구애되다, 얽매이다, 집착하다

オランダとの貿易は、長崎の出島を通して行われた。オランダからはさまざまな学問が入ってきたが、特に医学が取り入れられた。前野良沢、杉田玄白らが訳した解剖書『解体新書』は画期的なものである。このように、日本は早くから外国の学問を取り入れ、その術語を自国の言葉に訳すという作業

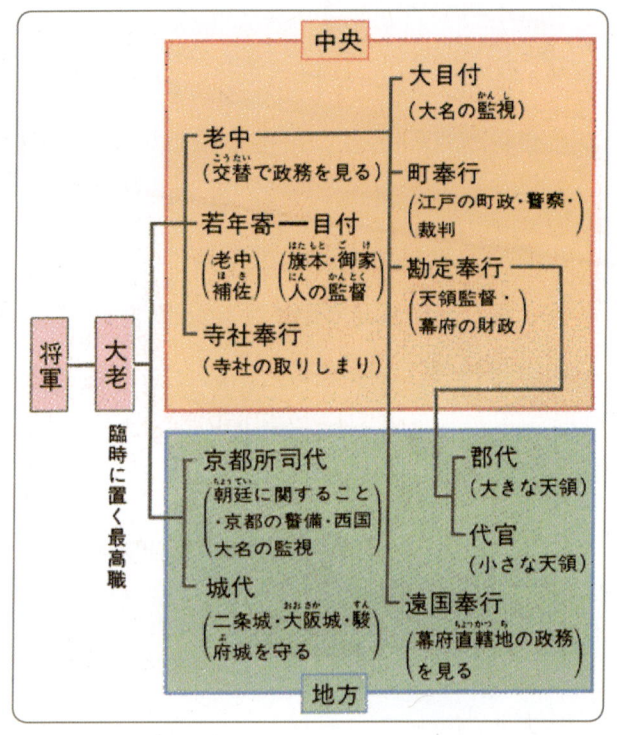

江戸幕府のしくみ

将軍 — 大老（臨時に置く最高職）

【中央】
老中（交替で政務を見る）
若年寄（老中補佐） — 目付（旗本・御家人の監督）
寺社奉行（寺社の取りしまり）
大目付（大名の監視）
町奉行（江戸の町政・警察・裁判）
勘定奉行（天領監督・幕府の財政）

【地方】
京都所司代（朝廷に関すること・京都の警備・西国大名の監視）
城代（二条城・大阪城・駿府城を守る）
郡代（大きな天領）
代官（小さな天領）
遠国奉行（幕府直轄地の政務を見る）

を繰り返してきたので、そのおかげで、現在、大学の授業も日本語で行えるし、日本語のテキストを用いることもできる。

　江戸時代には、資本主義の萌芽[1]も見られる。江戸時代は、全体的に見れば封建社会であるが、その間には幾度となくたがが緩み[2]、そこで享保、寛政、天保の改革によってたがを締め[3]なおすということの繰り返しであった。そういう時代の最中において、田沼意次はユニークな政策をとった。田沼は、幕府直営の座を設けて専売し、特定の商人に専売を許したり、商工業者の株仲間を積極的に公認して、販売や製造などの

---

1. 萌芽：싹틈, 조짐
2. たがが緩む：정신력이 무디어지다
3. たがを締める：정신력을 다잡다, 분발하다

現代日本事情と文化

特権を与えた。また、銅を輸出して金銀の輸入をはかり、北海道の開発とロシア人との貿易を計画した。町人に新田開発を奨励し、商人資本を導入して、印旛沼や手賀沼の干拓[4]を企てた。これらの政策は、明治時代以後の資本主義を先取りした政策として、評価されよう。

　教育の面では、寺子屋[5]制度が挙げられる。庶民の初等教育機関である寺子屋では、読み、書き、そろばん[6]、道徳などが教えられた。また、女子教育も進められた。この寺子屋制度のおかげで、明治時代以後の義務教育の導入がスムースに行われ、義務教育の初期から就学率が高かった。

　1853年、浦賀にペリー[7]が来航し、開国を迫り、ここに200年も続いた鎖国は終わりを告げた。そして、1867年、徳川第15代将軍慶喜は天皇に政権を返還し(大政奉還)、ここに武士の時代は終わりを告げた。

4 近代社会 (明治時代から現在)

　1868年、年号が明治となり、江戸を東京と改め、首都を移した。1871年には、藩[8]を廃止して県に編成しなおした(廃藩置県)。士農工商の身分制度は廃止され、国民は皆平等となった。

　政府は、早く欧米に追いつくために、各地に工場を造ったり、徴兵制を敷いたりした。そして、その財源を確保するため、国民に納税の義務

---

4. 印旛沼や手賀沼の干拓 : 印旛沼와 手賀沼의 두 늪지를 간척하여 새로운 농지를 조성하려던 사업

5. 寺子屋 : 옛날의 서당

6. そろばん : 주판

7. ペリー : Matthew Calbraith Perry. 쇄국을 하고 있던 일본의 에도 시대에 함대를 이끌고 가서 미일 화친 조약을 통해 일본을 개항하게 만든 사람

8. 藩 : 옛날 일본에서 제후가 다스리던 영지

を課した。また、科学技術の発展にも努め、欧米から多くの外国人研究者を招聘[1]した。

　1889年には、大日本帝国憲法が発布され、三権分立の体制が作られた。ここに、日本はアジアで初めての近代的立憲国家となった。

　このような明治政府の一連の努力の多くは、結果的に第二次世界大戦後の発展への礎を築いたといえ、大変に評価できよう。

　1894年、日清両国は朝鮮の内政改革を巡って対立を深め、日本は清に宣戦を布告した。ここに日清戦争が始まり、日本はこの戦争に勝利した。1904年には、満州を巡ってロシアと対立し、日露戦争が勃発[2]した。この戦争にも勝利した日本は、欧米世界から驚嘆の目で見られ、欧米列強の仲間入りを果たした。しかし、これらの勝利はいずれも、近隣諸国の犠牲の上に成り立っていた。そして、それはやがて1910年の韓国併合となって表れた。1914年、第一次世界大戦で日本は、日英同盟を理由にドイツに宣戦し、この大戦での戦勝国と扱われ、その後発足した国際連盟で常任理事国となった。

　その後の日本は、ますます軍部が台頭し、軍国主義の道を歩んで行った。1931年の満州事変に始まり、翌年の満州国の建国宣言、その翌年の国際連盟脱退、そして1937年の日中戦争へといたり、その後の中国侵略やインドシナへの進出などで、アメリカやイギリスと対立するようになった。こうして1941年、日本軍は真珠湾に奇襲攻撃をかけ、太平洋戦争へと突入した。1945年、アメリカ軍によって広島と長崎に原爆が投下され、また、ソ連が対日参戦したことに大変なショックを受け、

---

1. 招聘：초빙
2. 勃発：전쟁이나 큰 사건 등이 갑자기 일어남

日本はポツダム宣言を受け入れて降伏した。

　戦後、日本国憲法が制定され、国民主権、基本的人権の尊重、平和主義の3原則が掲げられた。こうして、日本は民主主義国家となった。経済の面では、1950年代、1960年代と高度成長を遂げて、その後のオイルショックの危機も乗り切って[3]1980年代まで来た。その時点で、国内外の社会科学者は、21世紀の日本の未来について楽観的に予測していた。しかし、1990年代に入って、経済成長に陰り[4]が見えてきた。そして、その低迷状態から抜けきれないで、光明が見えないまま、21世紀を迎えている。

---

3. 乗り切る : 뚫고 나아가다, 극복하다
4. 陰り : (심리적인) 그늘. (해가 기울어) 어스레해짐, 어두워짐

08 日本の地域社会

日本は村落共同体を基礎に社会を構成してきた。村落共同体とは、家族と血縁関係を基礎とし、田畑[1]や山で生きる小さな共同社会である。そして、それは農業生産活動と日常生活において、さまざまな共同関係をもって構成される「むら」(集落、部落)である。

むらは、自治的に営まれて[2]いた。農民は、水田の水の管理や農作業を共同で営み、道路、水路、山を共同で管理し、さらに、葬式や結婚式までもすべてむらの中で自治的に営んできた。祭りや盆の行事など神事[3]や仏事[4]も、むらの共同事業であった。こうした行事には、村人たちの娯楽としての民俗芸能が行われていた。むら人は相互に結婚することもあった。

このようにして、むら社会の中では、むら内部の秩序維持と対外的

---

1. **田畑**：논과 밭
2. **営む**：경영하다
3. **神事**：신을 모시는 제례나 행사
4. **仏事**：법회·법요 등 불교 행사 전반

団結精神が培われていった。むら人にとって、むらへの所属感は重要な価値であり、他のすべての価値に優先した。このような集団主義の中では、少数意見が尊重されることはなかった。違う意見を持ったものは、まず他のむら人から説得を受け、それが成功しないと村八分⁵⁾となった。

　むらの内部構造は、権威主義的なたての人間関係、すなわち階級社会を基本としていた。例えば、明治時代以後は、徴税と徴兵の役割を担い、また地主や名望家の支配下にあった。そして、むらは集落内の地主、小作の階級的序列の下に成り立っていた。しかし、一方で、むらは、生産面での協力や贈答⁶⁾といったよこの関係にも支えられていた。

---

5. 村八分 : 마을의 법도를 어긴 사람을 마을 사람들이 의논
　해서 따돌리는 제재, 따돌림
6. 贈答 : 주고 받음

　日本全体における集団の構造としては、たて型からよこ型に移行してきたといえる。企業の場合には、第二次世界大戦前はたて型、第二次世界大戦後はよこ型であり、またそれと同様のことは、家庭内の人間関係についてもいえる。しかし、その変革は集団の内部にとどまった。日本人の集団所属意識が変化したわけではなかった。

　前述のように、むら人にとっては所属感が重要な価値であるので、むらの内と外の境界は明確であり、外部の者はよそ¹⁾者であった。むら人の行動様式は、むら内部の人間に対する場合とむらの外の人間に対す

---

1. よそ : 남의 집, 다른 곳, 딴 데

る場合とはまったく違っていた。

むらに近い隣むらとは、嫁取り2)にみられるような友好関係もあったが、一方で、水利権3)の争いなどといった非友好的関係もあった。

むらから遠い空間へは、むら人は出向くことはなく、そこから旅人が来るところであった。旅人はむら人と同等ではなく、むら人以上の存在か、以下(乞食、泥棒、遊女、芸人)であった。

日本の社会学者たちは、このような隣むら意識が日本全国にまで広がった状態を、近代の日本の姿と見ている。だから、日本人は、日本人と外国人を明確に区別する。しかし、自国人と外国人を区別するのは、日本に限ったことではないので、このことをもって日本の特徴ということはできない。

高度成長期になると、都市化が進んで、兼業農家4)が増えたり、非農家が増えたりして、住民の利害に対立が見られるようになった。それは、むらの生産と生活の共同作業を困難にするものであった。特に、農業用排水路の補修など農業生産にかかわる作業については、共同化が難しくなった。また、宅地化が進んで、用水汚染や畜産公害などの新たな問題も、農家と非農家を対立させる要因となった。

このようにして、現在ではむらが崩壊して、住民の連帯意識が失わ

2. 嫁取り：장가듦, 신부를 맞이함
3. 水利権：수리권. 하천 등 공공의 물을 독점적이고 지속적으로 사용하는 권리
4. 兼業農家：농업을 하면서 농업 이외의 일을 하여 수입을 올리는 농가

れ、集落機能や共同活動が停滞してきている。そのため、日本人の集団主義もかつてに比べるとかなり薄まってきており、徐々に欧米の個人主義的要素も広まってきているといえよう。

　高度成長時代以前の日本の都市社会には、農村の「むら意識」のような共同体意識があった。しかし、高度成長期になると、急激に都市化が進み、農村から都市に人が押し寄せた。都市が膨張してくると、居住地は郊外へと広がっていき、郊外は新住民で占められ、そのような地域では共同体意識は希薄となった。

　東京の都心に近い神田、日本橋、上野、浅草などの下町[1]の商店街では人口の空洞化が進み、従来の人情あふれる下町の人間関係は崩れていった。墨田区や江東区などの下町の工業地帯では、かなりの工場が北関東などに移転し、その跡地[2]は高層団地や倉庫となり、ここでも下町独特のコミュニティは崩壊していった。下町の商店街や工業地帯のかなりの住民は、その周辺の区、例えば足立区や江戸川区といった周辺の区へ

---

1. 下町 : 도시의 시가지 중에서 저지대에 있는 구역. 특히
   상공업자들이 많이 사는 곳
2. 跡地 : (옛) 터, 철거 부지

移り住んだ。それらの区は、現在でこそ下町の一部とされているが、実際は新興住宅街であり、かつての下町の人情に触れることは稀である。

　このように、都市の膨張によって職場と居住地が切り離され[1]、居住地はただの寝る場所と化し、「隣は何をする人ぞ」という関係になってしまった。そのような居住地での人間関係の希薄さをカバーするのが、職場での人間関係となった。しかし、1990年代の日本経済の低迷、そして企業業績の悪化により、従来の終身雇用制、年功序列制に代表されるような企業内の集団主義的な人間関係は崩壊しつつある[2]。現在では、労働者はリストラ・失業の恐怖に脅え、同僚・上司・経営者との人間関係もぎすぎすした[3]ものとなってきた。

　以上のように、居住地でも職場でも情のある人間関係を築けなくなった都市住民たちは、再び居住地において、新たなコミュニティを作ろうと模索している。

　都市におけるコミュニティの代表としては、町内会[4]が挙げられる。町内会は、東京では関東大震災をきっかけに、横浜や神戸では伝染病の脅威[5]に対処するため、急激に組織化された。戦時中は政府の命令で、市町村の下部機関として、町内会が置かれた。戦後は法制上の根拠はなくなったが、戦時中のものがほとんどそのまま残って、現在に至っている。

　町内会は、日本全国のほとんどを網羅的に埋め尽くして[6]おり、住民の多くが入会している。その活動は、広報の配布、国勢調査員の推薦、集会所の維持・管理、広報活動、美化・清掃活動、防犯灯の設置・管理、防災・防火・防犯活動、募金、祭り、盆踊り、青年会、婦人会、

---

1. 切り離す：떼어놓다, 분리하다
2. 〜つつある：하고 있다, 되어 가다
3. ぎすぎすした：냉랭한, 무뚝뚝한
4. 町内会：시가지인 町内에 조직하는 주민의 자치 조직

5. 脅威：협위, 위협
6. 埋め尽くす：메우다, 차지하다

運動会、旅行など多岐にわたっている。町内会には、その土地に居住すれば、世帯単位で、半強制的に加入させられるので、主体的に参加しようという意識が低い者も多い。今日においても町内会活動が活発であるのは、地方都市か、大都市でも下町である。

大阪の下町の六件長屋

大阪の下町の路地

　新しい団地などを中心に、自治会と呼ばれる組織が数多く生まれた。これらの組織は、民主的な選挙によって役員を選び、域内の施設を共同管理している。しかし、ただ単に名前が自治会と変わったに過ぎない団体もある。

　大阪では、コーポラティブハウスというものも生まれている。何人かの住民が共同して土地を購入し、住宅計画を行い、建設し、入居後も自分たちで管理・運営を行うものである。

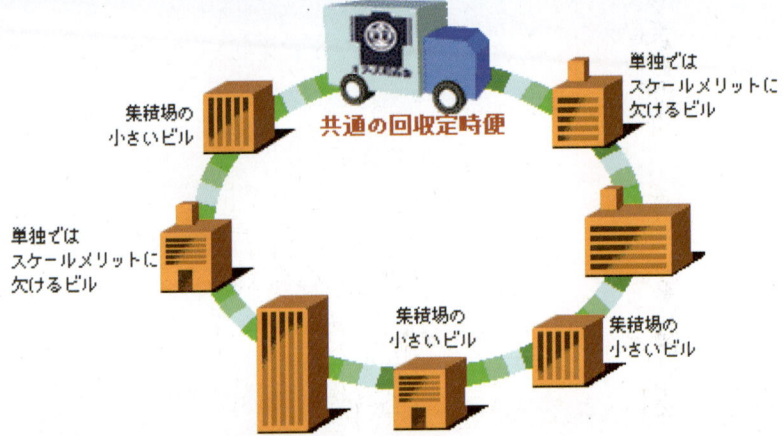

オフィス町内会は、古紙リサイクルに関するノウハウ・システムの共有によって、古紙の分別回収をスムーズに行う。

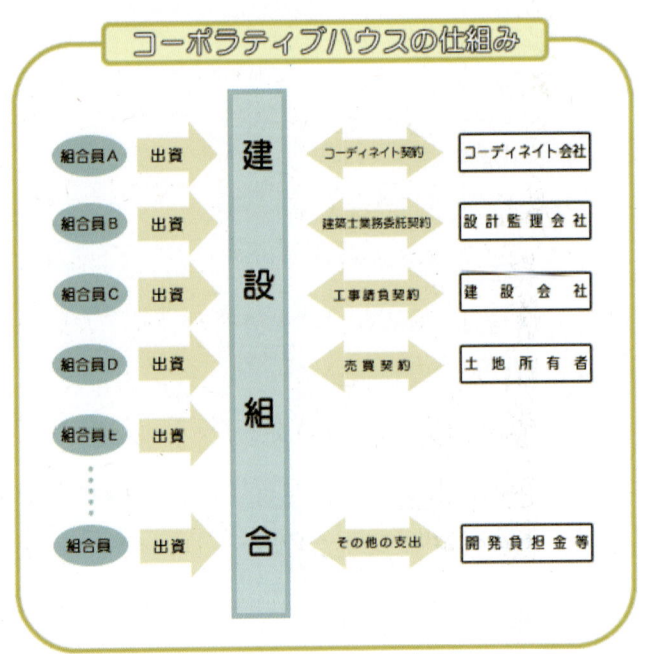

寄付をする動機で最も高い「町内会の付き合いの一環として」

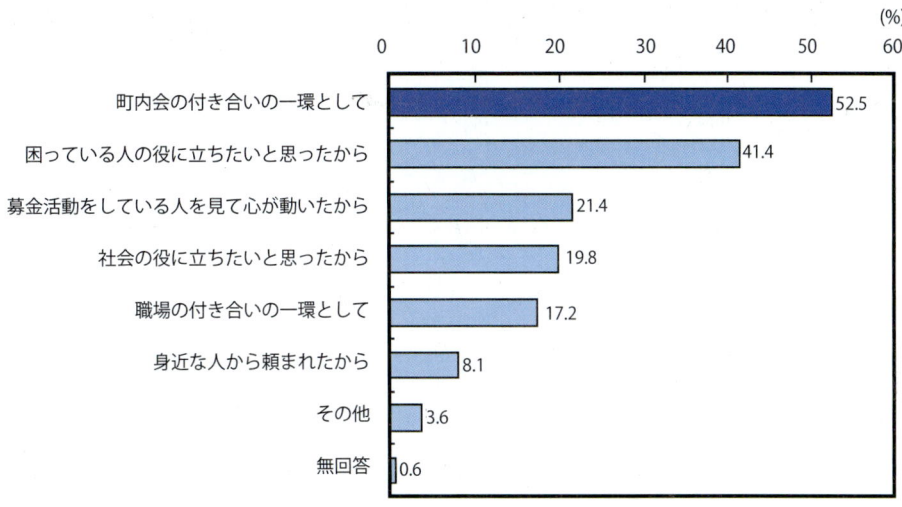

(備考)　1．経済企画庁「国民生活選好度調査」（2000年）により作成。
　　　　2．1999年6月〜2000年5月の1年間に寄付をした人に対して尋ねた「寄付(募金)を行った動機や背景はどのようなものですか。次のうち、あてはまるものすべてお答えください。」という問に対する回答者の割合（複数回答）。
　　　　3．回答者は、過去1年間に寄付した全国の15〜69歳の男女2,688人。

Unit 10 日本の会社

1 バブル期以前

　日本の会社の経営の特徴としては、終身雇用制、年功序列制、共同体的性格の３点を挙げることができる。

　終身雇用制とは、高校や大学の新規卒業者を、一度採用したならば、よほど[1]のことがない限り定年まで雇う制度である。定年は、平均寿命の延びとともに延長される傾向にあるが、現在では60歳が一般的である。しかし、年金の支給開始年齢は一般的に65歳であるので、約５年間のブランクが生じる計算になる。だが、大企業の場合は、子会社などの系列会社を数多く抱えて[2]いるので、社員は、定年退職した後も、それらの会社に出向[3]という形で残ることができる。また、企業の方も、定年退職後の社員の雇用の確保のため、進んで子会社を設立する傾向にあ

---

1. よほど：퍽, 상당히, 무척
2. 抱える：안다, 껴안다, 떠맡다
3. 出向：출장 근무

る。

　そのため、高校や大学の新規卒業者たちにとって、最終学年の就職活動は、一生を左右する人生の最大イベントである。普段はラフな格好をしていた学生たちも、就職活動の時期になると、スーツを着て、髪を整えて、会社訪問に臨む。

　企業にとっても、人を採用するというのは大変なことである。なにしろ、一度採用したら、その人の一生の面倒を見なければならないのである。だから、企業は、少しでも有能な人材を確保しようと、早い時期に内定を出そうとする。したがって、就職活動の時期は徐々に早まる傾向にある。

　年功序列制とは、役職や賃金が年齢に応じて上がっていくシステムである。日本の企業における一般的なポストの昇進は、平社員、主任、係長、課長、次長、部長、重役、社長の順となっている。例えば、入社後５年で主任に昇進し、10年で係長、15年で課長といったように、人並み[4]の仕事をこなせば[5]、勤続年数に応じて自然に昇進していく。順調に行けば、部長ぐらいまで行って定年を迎えるかもしれない。そして、さらに子会社に重役として出向し、その後は年金をもらって悠々自適の老後が保障されるであろう。

　仮に出世街道を外れたとしても、調査役、監査役、相談役といったような名ばかりのポストを与えられ、出社しても何も仕事がないにもかかわらず、席だけは日のよくあたる窓際[6]に与えられ、一日中暇をつぶしては[7]退社するという毎日を過ごす。世間は、彼らを「窓際族」と呼ん

---

4. 人並み：보통 정도, 남과 같음　　　　**7.** 暇をつぶす：시간을 보내다
5. こなす：익숙하게 다루다 구사하다.
6. 窓際：창가

でいる。彼らは、もし社内にいられなくなったとしても、子会社に出向するという道は残されている。いずれにしても、一生の生活は保障されているのである。

　以上述べたことは、特に大企業に当てはまる[1]。大企業は、出向先としての受け皿[2]となる子会社をたくさん持っている。したがって、大企業に一度就職してしまえば、よほどのことがない限り、一生の生活は保障される。そこで、大企業への就職が有利な一流の大学に入ろうと、受験戦争が過熱するのである。

　日本の企業の共同体的性格としては、経営者と従業員は一体の人間集団であり、その連帯を維持するために人間関係を尊重すること、企業の繁栄と成長のために、全構成員が協力して革新と成長の努力を継続することなどが挙げられる。したがって、新入社員は、入社するとまず、厳しい研修の中で、愛社精神が徹底的に植えつけられる。こうして、企業のために生きる人間が次々とできあがっていく。

　しかし、このような企業のやり方を嫌う社員もいる。彼らは、自分の能力をさらに生かすために、早期に退職し、より条件のいい企業に転職するか、がんじがらめ[3]の会社組織に縛られることを嫌い、自分で事業を起こしたりする。

---

1. 当てはまる : 들어맞다, 적합하다, 합당하다
2. 受け皿 : 받침 접시, 맡아서 관리하는 곳
3. がんじがらめ : 속박됨, 얽매임

2 バブル期以後

　ところが、バブル期以後、前述のような日本の伝統的な制度は崩れつつある。長引く不況による業績の悪化から、企業はもはや終身雇用制と年功序列制を維持するのが難しくなってきているのである。

　日本の企業では、直接営業などの実務に携わるのは係長までで、課長以上の管理職になると、直接実務に当たることは少ない。さらに、管理職には人件費がかかる。したがって、現在の企業には、管理職をたくさん抱え込む余裕などない。当然のことながら、窓際族を養う余裕もない。彼らを子会社に出向させるにしても、業績の上がらない子会社をいつまでもかこっておく余裕もない。そこで、課長などの中間管理職や窓際族は、真っ先にリストラや希望退職の対象とされる。彼らにとってさらに悪いことは、課長になると労働組合を離れなければならないことである。だから、企業は労働組合という後ろ盾[4]のない彼らを解雇しやすい。

　このような事情から、管理職を経験する年齢、すなわち中高年を中心に、現在の日本の失業率は5パーセントを超えることとなった。しかし、企業の求人は若年層が中心で、採用する側と求職する側のミスマッチが見られる。

　近年、企業は、直接稼がない管理職のみならず、直接実務に当たる係長以下の社員もリストラや希望退職の対象にしつつある。正社員より人件費の安くて済むアルバイト、パート、人材派遣会社からの派遣社員に

---

4. 後ろ盾：뒷받침, 후원자

換えていこうというわけである。

　新規採用も手控えられるようになった。現在の企業には、新しい人材を発掘して育成する余裕などなくなってしまったからである。そのため、高校や大学の卒業予定者たちは危機感を募らせ[1]、就職活動の時期はますます早期化の傾向を呈している。大学生の場合は、3年生の学年末試験の終了と同時に、就職活動を開始しなければならない有様である。このため、早々に就職をあきらめ、自らフリーター[2]の道を選ぶ学生が急増している。

　現在の企業は、新規採用者を育成するよりも、即戦力となる人材を求めるようになっている。そのため、中途採用者の割合[3]が徐々に大きくなってきている。そのことも、年功序列制の崩壊を助長し、日本の労働市場はますます流動性を増してきているといえよう。

3　日本企業で働く

　ここでは、零細企業を除く、ある一定規模以上の企業に勤める事務職を例にとって述べてみたい。

　新入社員は、入社するとまず一定期間の研修を受ける。この時期は、社内の一通り[4]の業務内容を覚えるという意味で、事務職であっても、業種によっては、作業服を着て現場に出向くこともしばしば[5]である。

---

1. 募る：더해지다, 심해지다
2. フリーター：free＋Arbeiter. 정규직에 취업하지 않고 아르바이트 등으로 생활비를 버는 사람
3. 割合：비율
4. 一通り：대강
5. しばしば：흔히, 종종, 자주

学生時代に夜型⁶⁾の生活を送っていた者にとっては、この時期は辛いはずである。

　研修期間を終えて、部署に配属されると、主任や係長クラスの下について、実務経験をつむこととなる。おおむね3年たてば、一人前とみなされるようである。そして、やがて主任、係長へと、よほどのことがない限り順調に出世し、現場で実務を取り仕切り⁷⁾、残業もばりばり⁸⁾とこなす。有給休暇も目いっぱい⁹⁾は取らない。

　課長以上の管理職になると、実務から離れ、机に座っている時間が長くなる。管理職が出ていくのは、部下が仕事上で何かトラブルを起こした場合などである。しかし、日本の企業の管理職の一部は、マネージメント能力がないにもかかわらず、ただ年功序列で上がってきたので、部下が何か問題を抱えても、自ら出ていくことができない。バブル期以後、企業はそのような管理職を置いておく余裕などなくなってしまったので、彼らは真っ先にリストラの対象となる。

　一般的な勤務時間は、9時に出社して5時か6時に退社するというパターンである。したがって、特に東京では、朝の8時台の電車は常に満員である。東京では、通勤時間に2時間もかける人もいる。近年はフレックスタイム制を採用する会社が増えたせいか、出社時間は遅くなる傾向にある。だから、電車のラッシュ時間も9時を過ぎても続くことがある。

　社内では、机を向き合って仕事をする。これが仕事の効率にどのような影響を及ぼして¹⁰⁾いるのかは、一概には言えない。

---

6. 夜型：야간형, 주로 밤에 활동하는 형
7. 取り仕切る：처리하다, 관리하다
8. ばりばり：정력적이고 힘차게 하는 모양

9. 目いっぱい：힘껏, 있는 대로 모두
10. 影響を及ぼす：영향을 미치다

昼休みは12時から1時までである。昼食は、大企業の場合は社員食堂があるので、そこでとるか、社員食堂がない場合は、近くのレストランに行って食事をするか、あるいは仕出し弁当を取ったり、コンビニエンスストアで弁当を買ってきて、自分の席で食べるかである。

事務室

退社時間は5時か6時が一般的であるが、日本の社員の特徴として、付き合い残業と

社員食堂

いうものがある。それは、自分の仕事が終わっても、同僚の仕事を手伝ったりして、付き合って残業するというものである。これも、効率のいいものとはいえない。大企業の場合では、一人当たりの月の残業時間が100時間を超える場合もある。そこで、バブル期以後、企業は人件費の削減のため、残業手当をカットする傾向にある。したがって、付き合い残業は減ってきている。

一般的に、大企業ほど仕事の量が多いので、残業が多い。しかし、近年の企業業績の悪化による人件費削減のため、企業は極力[1]残業を減らす傾向にあるし、また仕事の量自体も減ってきているので、残業は確実

---

1. 極力 : 극력, 힘껏

に減っている。だが、人を減らしたため、逆に残業が増えるケースもある。

　退社後は、往々にして²⁾夜の付き合いが待っている。同僚や上司と一緒に一杯飲みに行く機会は多い。だから、日本の会社組織の中では、酒の飲めないことはマイナスの要因ともなり得る。このように、退社後の時間も、プライベートとはならずに、仕事の延長となることが多いのが、日本の社員の特徴である。

　女子社員は、退社後食事やショッピングを楽しむ。主婦の場合は、夕飯のおかずを買ってから家に帰る。近年はデパートやスーパーの営業時間が延長され、またコンビニエンスストアもあるので、比較的落ち着いて買い物ができる。

---

2. 往々にして：왕왕, 가끔

Unit 11 日本の政治

1 現代の日本の政治

　第二次世界大戦後、まだ日本がアメリカ軍に占領されていた1946年、日本国憲法が、それまでの大日本帝国憲法を改正する形で公布され、翌年施行された。

　この憲法は、基本的人権の尊重、国民主権、平和主義の三大原則を謳った[1]世界で初めての憲法である。しかし、平和主義を謳った第9条は、憲法学者の間では、自衛戦争を含むいかなる戦争も軍隊の保持も禁じているというのが定説になっているにもかかわらず、与党の自由民主党は、徐々にその解釈を歪めている。自由民主党は、第9条は自衛戦争を認めており、自衛隊は合憲であるとしている。これに対する野党、特に社会党は、従来から自衛隊は違憲とし、日本の非武装中立論を展開し

---

1. 謳う：구가하다, 칭송하여 노래하다

2. 現実離れ：현실과 동떨어짐
3. 世論：여론
4. 護憲：호헌, 헌법을 옹호하여 지킴
5. 訴える：호소하다

てきたが、現実離れ[2]という世論[3]に押され、また政権欲しさから、自衛隊を容認するに至った。これによって、社会党は支持者の信頼を失い、消滅するに至った。社会党の消滅により、護憲[4]を訴える[5]勢力は大幅に力を失うところとなった。今では、野党内でも、自衛隊を容認する勢力が大きなウェイトを占めるようになった。それでは、憲法を改正して、自衛戦争と自衛隊を認めればいいかというと、歴代の内閣は、憲法改正について正面から議論することを避け、問題を常に先送り[6]している。これは内閣だけの責任ではなく、日本人の国民性にも由来する。したがって、今後も、なし崩し的[7]に第9条の解釈がゆがめられていく危険性は、十分に考えられるのである。

　しかし、憲法論議は、日本国内の論議だけではどうにもならない面がある。そもそも[8]、日本国憲法は米国に押し付けられて[9]できたという経緯[10]がある。日本に戦争を放棄[11]させたのも米国なら、その後日本に同盟国としてそれ相応の防衛の役割分担を求めているのも、また米国なのである。つまり、憲法論議は、米国の対日政策次第[12]なのである。現状では、日本は米国に何も言えない弱い立場なのである。

　日本国憲法によって、司法、立法、行政の三権の分立は保障されている。

　司法機関は裁判所で、最高裁判所、高等裁判所、地方裁判所、簡易裁判所、家庭裁判所がある。日本の裁判は、非常に時間がかかるのが欠点である。金も労力も非常にかかるので、途中で和解するというケースが多い。

---

6. 先送り : 뒤로 미룸
7. なし崩し的 : 조금씩 처리해 나감
8. そもそも : 원래, 애초에
9. 押し付ける : 밀어붙이다, 떠맡기다, 강요하다
10. 経緯 : 경위
11. 放棄 : 방기, 포기
12. 次第 : ~나름, (~하는) 대로

このように裁判に時間がかかる要因として、欧米に比べて弁護士の数が少ないことがあげられる。弁護士一人あたりの人口ということでは、日本は7476人、アメリカは297人である。弁護士の総数の比較では、アメリカは日本の25倍、イギリスは11倍、ドイツは約８倍、フランスは約４倍となっている。日本はアメリカのような訴訟社会ではないので、アメリカほど弁護士の数は必要ないとは言え、国際標準に比べるとあまりにも少ないので、せめて弁護士の数をフランス並み[1]にしようという動きがある。また、地方と東京では弁護士の数に偏り[2]があり、その是正も課題である。

　立法機関は国会で、衆議院と参議院[3]からなる。両院の議員は国民の選挙によって選ばれ、任期は衆議院が４年、参議院が６年である。選挙権は20歳以上のすべての国民に与えられている。国会議員に立候補できるのは、衆議院は25歳以上、参議院は30歳以上である。選挙は、衆議院は４年に１回行われる。しかし、国民の信を問う[4]必要があれば、４年経たなくても衆議院を解散して選挙を行う。今までの例では、ほとんど、任期満了を待たずして、解散・総選挙を行っている。参議院選挙は３年に１回行われる。参議院議員の任期は、先に述べたように６年なので、３年ごとに議員の半数が改選されることになる。

　行政機関は内閣が当たっている。日本の内閣は、従来の１府22省庁から、2001年１月に1府12省庁に再編された。この再編は、「明治維新」「戦後改革」に続く「第３の改革」と位置づけられている。再編の目玉[5]は、内閣府の新設である。内閣府は、従来の総理府、経済企画庁、沖縄

1. ～並み：～만큼、～처럼、～ 수준
2. 偏り：치우침, 편중
3. 衆議院と参議院：衆議院은 480명, 参議院은 242명. 衆議院은 법률과 예산의 의결 및 조약 승인에 대해 参議

院에 우선하고, 내각불신임 결의는 衆議院만 갖는다. 관례상 총리는 衆議院 중에서 낸다. 衆議院은 해산이 있고 임기가 짧기 때문에 그때 그때 국민의 여론을 강하게 반영하고, 参議院은 해산이 없고 임기가 길기 때문에 장기적

開発庁を統合し、他の12省庁より高く位置づけられている。内閣府には、経済運営や予算編成の方針を策定する経済財政諮問会議が置かれている。これによって、内閣の機能が強化され、首相の政策遂行[6]における権限が強化された。この他に、統合されて新しく誕生した省は、運輸、建設、国土、北海道開発の4省庁が合体した国土交通省、自治、総務、郵政の3省庁が合体した総務省、厚生、労働両省が合体した厚生労働省がある。一方、分離した省としては大蔵省がある。大蔵省の中でも金融行政は金融庁として分離され、大蔵省自身も財務省と名称が変更された。従来とあまり変わらないのは、法務、外務、農水の3省であ

国会議事堂外観

衆議院議場

国会予算委員会

시야로써 조사 및 심의에 임한다.
4. 信を問う：신임을 묻다, 신뢰 여부를 묻다
5. 目玉：눈알, 안구, 관심을 끄는 일, 관심사

6. 遂行：수행

る。

この再編によって首相の権限が強化されたといっても、日本は実質的に、官僚が政治を動かしている「官僚政治」であることに変わりはない。したがって、必然的に日本の大臣[1]は官僚に頼ることとなる。官僚の側も、その方が自分たちの裁量を振るえるので都合がいい。つまり、「官僚政治」というのは、大臣と官僚がお互いにもたれあう[2]という、双方にとって大変に都合のいいシステムなのである。だから、大臣は、国会での答弁に際しては、たいていの場合は

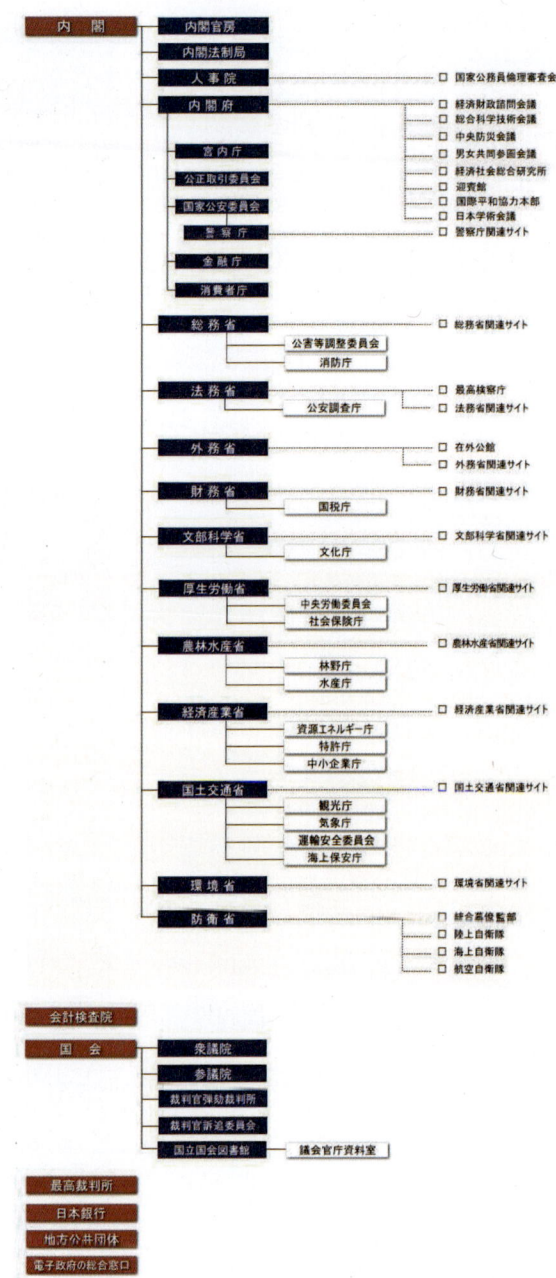

現代日本事情と文化

1. 大臣：내각 총리 대신
2. もたれあう：서로 의존하다
3. 棒読み：단조롭게 읽음
4. まっとうする：완수하다, 다하다
5. 五箇条のご誓文：주요 내용은 다음과 같다. ①정치는 여론에 따를 것. ②관민이 합심하여 국정을 실행할 것. ③지도층이 하나가 되어 서민에 이르기까지 뜻을 이루어 국민의 마음이 떠나지 않게 할 것. ④낡은 악습을 없애고 국제법에 근거할 것. ⑤전세계로부터 지식을 배워 천황정치의 기초를 왕성하게 할 것.

官僚の用意した原稿の棒読み[3]である。ごく稀に、大臣が自分の独自色を出そうとすると、官僚の猛烈な抵抗にあうこととなる。官僚とうまく付き合うことこそが、大臣の職務をしっかりとまっとうする[4]秘訣なのかもしれない。

2 明治維新

　明治政府は、1868年3月に五箇条のご誓文[5]を公布し、天皇親政を強調した。次いで、同年4月には、政体書[6]を制定して、国家権力を太政官[7]という中央政府に集め、アメリカ合衆国憲法を模倣した三権分立制を取り入れ、高級官吏を4年ごとに互選で交代させた。一方、五榜の掲示[8]を掲げ、儒教的道徳を説いた。

　1871年、藩を廃止して県を置き、中央集権化を図った。中央政府の組織の集権化も進め、太政官を正院、左院、右院の3院制とし、その下に各省を置いた。軍事力の強化も進め、藩兵[9]を解散して、兵権を兵部省に収めた。そして、1873年徴兵令を公布した。他方、1873年内務省を設けて、警察事務に当たらせ、1874年には警察庁を設けた。

　士農工商の身分制度は廃止され、四民平等の世の中となった。土地制度の改革も行われ、地租を近代化して、財源の安定化に努めた。また、政府は富国強兵を目指して殖産興業に力を注ぎ、近代産業の育成を図っ

---

6. 政体書：五箇条のご誓文에 의거하여, 정부의 정치 조직을 정한 포고서

7. 太政官：신정부의 최고 관청

8. 五榜の掲示：五箇条のご誓文 반포 다음 날, 太政官이 민중을 향해 발표한 5장의 방. 주요 내용은 다음과 같다.

①오륜의 도덕을 지킬 것. ②도당을 결성하거나 불법 행위 금지. ③기독교 금지. ④외국과의 교류는 국제법에 따르고 외국인 폭행 금지. ⑤국민의 국외 이탈 금지.

9. 藩兵：각 藩에서 무사계급 이외의 사람들로 조직된 군대.

た。

　1870年には工部省を設け、金属鉱山や石炭鉱山を官営とし、東京と大阪の砲兵工廠[1]や長崎と横須賀の造船所を拡充した。

　内務省は官営模範工場を通じて、民間の機械生産を促した。

　1882年には、中央銀行としての日本銀行が設立され、1885年から日本銀行は銀兌換[2]の銀行券を発行し、銀本位の貨幣制度が整った。また、同年、政府は伊藤博文らをヨーロッパに派遣して、憲法調査に当たらせた。1885年には太政官制を廃止して、内閣制度を創設し、初代総理大臣に伊藤博文が任命された。これにより、総理大臣の下に各省の長官が大臣として内閣を構成することとなった。1888年には市制・町村制が、1890年には県制・郡制が公布され、地方自治制が確立した。

　1889年には、大日本帝国憲法が発布された。この憲法は欽定憲法[3]で、天皇と行政府の権限が極めて強いものであったが、それでも国民に国政に参加する道が開かれ、司法権も行政権から独立して、一応は三権分立の体制が整った。こうして日本は、アジアで初めての近代的立憲国家となった。

---

1. 工廠 : 육군, 해군, 공군의 함선, 병기 따위를 만들거나 수리하는 공장
2. 銀兌換の銀行券 : 보유한 사람이 요구할 경우, 같은 금액의 은(銀)으로 교환해 줄 것은 약속한 은행권
3. 欽定憲法 : 흠정헌법. 군주의 단독 의사로 제정된 헌법

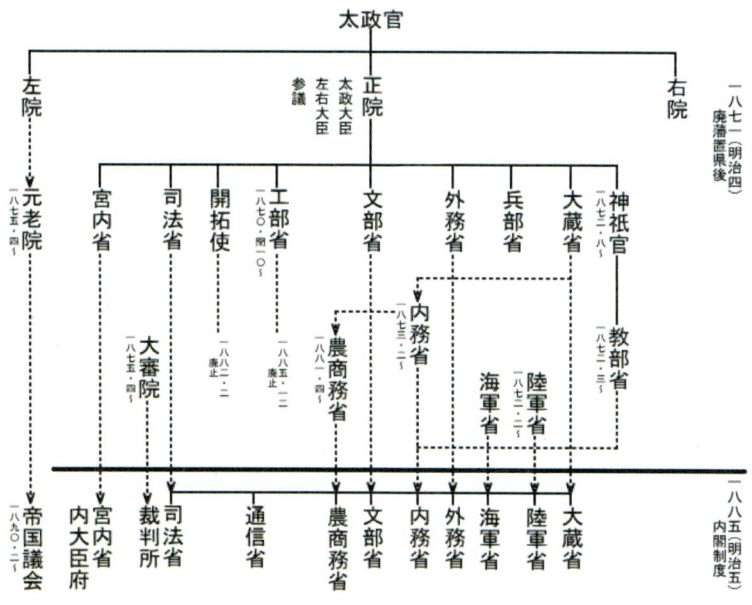

3　戦後政治と長期保守党政権

　日本では、1945年以来、ほぼ[4]一貫して保守系政党が政治の運営に当たってきた。

　1945年の戦争直後の混乱期に、続々と政党が結成され、それらのうちで日本自由党、進歩党、日本協同党の保守系3党と日本社会党、日本共産党の革新系2党が有力であった。しかし、これらの政党も当初は基盤が弱かったため、離合集散を繰り返した。また、同年には婦人参政権を認めた新選挙法が制定された。

---

4. ほぼ：거의

翌1946年の選挙で第一党となった日本自由党は、日本進歩党の協力によって、吉田茂内閣を成立させ、ここに政党内閣制が確立した。1947年の選挙では、日本社会党が第一党となり、政権を握ったが、1年も持たなかった。その後の内閣はいずれも短命で終わった。1949年の総選挙では、民主自由党が絶対多数の議席を獲得し、第2次吉田茂内閣が誕生した。それ以後、現在に至るまで保守政権が続いている。したがって、日本の政治は戦後ほぼ安定を保っているといってよい。

　1951年、サンフランシスコ平和条約が調印され、日本の独立が回復された。また、同日、日米安全保障条約も調印された。以後、吉田内閣は経済復興に力を注ぎ、また自衛力増強も課題とした。それ以降、保守政党の側からは憲法改正と再軍備が主張された。そして、1954年には自衛隊が発足し、防衛庁が新設された。

　このような一連の流れの中で、吉田首相に反発する勢力が増え、彼らを中心に日本民主党が結成された。1954年に吉田内閣が総辞職すると、日本民主党総裁の鳩山一郎による内閣が誕生した。1956年、日ソ共同宣言が調印され、同年には国際連合への加盟も認められた。

　1955年になると、右派と左派に分裂していた社会党が統一をし、これに危機感を持った保守系政党が対抗して、自由党と民主党が合同して自由民主党が誕生した。

　ところで、日米安全保障条約には、条約として不備な点が多々あったので、自由民主党の岸信介[1]内閣は、1958年日米相互協力及び安全保障条約(新安保条約)を締結した。これによって、アメリカの日本防衛義務

---

1. 岸信介：1896년~1987년. 정치가. 제2차 세계대전 당시 만주국 총무처 차권. 중의원 의원에 열 차례 당선. 56, 57대 총리. 총리 사퇴 후에도 보수파의 장로로서 세력을 가짐. 향년 90세에 사망. 현(2014년) 아베 총리의 외조부

2. 田中角栄：1918년~1993년. 정치가. 54, 65대 총리. 총리 취임 후, 日本列島改造論을 제창하며 인기를 몰았으나, 뒤에서는 친 페밀리 기업이나 인맥을 이용해 부당하게 정치자금을 모았다는 의혹을 받으면서 스스로 총리직을 사

が明確になった。

　1960年、岸内閣の後を継いだ池田勇人内閣は、所得倍増をスローガンに掲げ、経済成長を促進した。1964年に成立した佐藤栄作内閣は、1965年に日韓基本条約を締結した。さらに、沖縄の日本復帰を1972年に実現した。1972年には田中角栄[2]内閣が成立し、同年の日中共同声明によって両国の国交が正常化した。しかし、田中内閣は、首相の政治資金と個人資産にかかわる疑惑から、1974年総辞職した。そして、三木武夫内閣が誕生した。彼は自由民主党の体質改善に尽力したが、党内抗争の激化によって倒れた。その後、1976年に誕生した福田赳夫内閣は、1978年に日中平和友好条約を締結したが、同年、自由民主党の総裁選挙に敗れ、大平正芳に政権を譲った。大平正芳内閣の後、1980年の鈴木善幸内閣の誕生、1982年の中曽根康弘内閣の成立と続いた。中曽根内閣は、行政改革と教育改革に意欲を示し、特に国鉄の民営化に尽力した。外交面では、アメリカや韓国との関係強化に努めた。

　その後、1993年に旧野党連立の細川護煕政権、1994年に羽田孜政権も誕生したが、いずれも短命に終わった。その後、自由民主党、社会党、新党さきがけの3党が連立して、社会党委員長を首班とする村山富市政権が誕生したが、目立った実績は上げられなかった。その後は、自民党を中心とし、後に公明党が加わった連立政権が続いたが、2009年の総選挙で敗北し、民主党を中心とする連立政権となった。この政権は約3年続いたが、総選挙でうたったマニフェスト[3]を実現できないなどの失政を重ねたため2012年の総選挙で敗北し、安倍晋三[4]を首相とする

임. 이후 미국 록히드 사의 뇌물 사건과도 연루된 것이 알려져 실형을 받음

3. マニフェスト：manifesto. (정부·단체 등이 내는) 선언문, 성명서. 본문에서는 선거 공약 안내서의 의미로 사용

4. 安倍晋三：1954년생. 중의원 의원을 거쳐 제90대, 96대 총리 당선. 친인척에 쟁쟁한 정치가가 많음. 세계대전 이후 세대 최초 및 최연소 총리에 당선됨

自民党と公明党の連立政権となった。

　このように、日本では戦後、ほぼ一貫して保守政権が政務に当たってきたわけであるが、その成果としては、何といっても高度経済成長による国民生活の向上の実現が真っ先に挙げられよう。また、外交面では、日米安保条約の締結によってアメリカとの同盟関係を構築し、大過なく外交の諸問題を乗り切ってきたと言えよう。

Unit 12 日本の経済

1 経済復興期

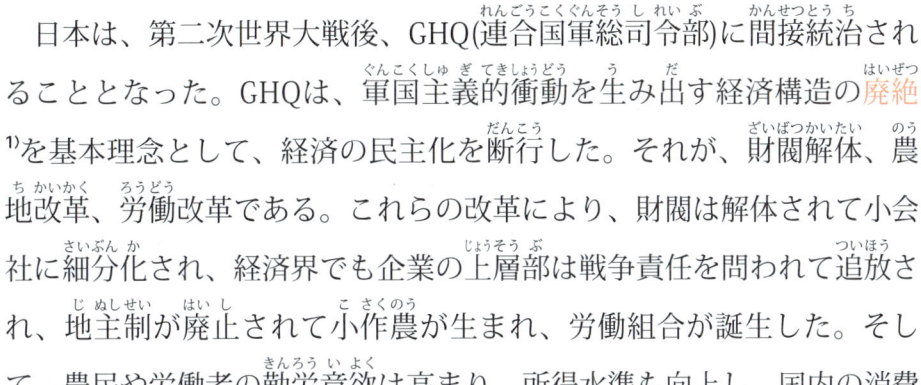

　日本は、第二次世界大戦後、GHQ(連合国軍総司令部)に間接統治されることとなった。GHQは、軍国主義的衝動を生み出す経済構造の廃絶[1]を基本理念として、経済の民主化を断行した。それが、財閥解体、農地改革、労働改革である。これらの改革により、財閥は解体されて小会社に細分化され、経済界でも企業の上層部は戦争責任を問われて追放され、地主制が廃止されて小作農が生まれ、労働組合が誕生した。そして、農民や労働者の勤労意欲は高まり、所得水準も向上し、国内の消費市場は拡大していった。

　その一方、日本政府は1947年、限られた資源を石炭・鉄鋼業へ重点配分する傾斜生産方式[2]を実施し、生産の復興を図った。この政策は、

---

1. 廃絶：폐절, 폐지
2. 傾斜生産方式：철강·석탄 등 생산 기반을 확립하기 위하여 가장 기초적인 물자의 생산에 중점을 두고 그 밖의 물자에 대해서도 같은 관점에서 그 중요도에 따라 집중적으로 생산하는 방식을 말한다. 따라서 중점 부분으로서 지정된 산업에 자본이나 노동력과 각종 자원을 중점적으로 투하하여 그 산업을 육성하고 또한 다음의 중점 산업으로 이행하는 과정을 반복하게 된다

日本経済の再建にある程度の貢献をした。

　ところで、GHQは、当初は民主化に支障となる社会不安の防止から、食糧援助を行っていただけであったが、冷戦構造の激化から、1947年になると占領方針を転換した。すなわち、日本を極東における西側陣営の拠点にするために、日本経済を立て直すべく、Ｊ・ドッジを特使として送り込み、１ドル＝360円の単一為替レートの設定により、世界の自由経済競争への復帰を図り、輸出を拡大させた。一方、租税の合理化・公平化を図り税収を拡大させるシャープ税制勧告が出され、税制改革もなされた。

　さらに、1950年に朝鮮戦争が勃発し、日本に多額の特需が発注され、これを契機として繊維、機械、金属工業などが発達した。朝鮮戦争は、まさに日本経済にとって転換点となった。

2　高度成長期

　1955年から1973年にかけて、日本は高度成長期を経験した。

　1955年には鳩山内閣が「経済自立５カ年計画」、1957年には岸内閣が「新長期経済計画」、1960年には池田内閣が「国民所得倍増計画」を策定した。政府は成長の見通し[1]を示し、企業はそれに沿って経営計画を立て、設備投資を行った。その結果、日本経済は予想以上の成果を

---

1. 見通し：전망, 꿰뚫어 봄
2. 水俣病：구마모토(熊本) 현 水俣 만 주변에서 발견됨. 공장에서 배출된 메틸수은 화합물에 중독된 어패류를 먹은 주민들에게 나타난 병. 중추 신경계를 마비시키는 치사율

이 높은 중독성 질환
3. イタイイタイ病：도야마현(富山縣) 진쓰강(神通川) 유역의 주민들에게 골절 현상이 나타나기 시작함. 미쓰이 금속광업이 아연의 제련 과정에서 배출한 폐광석에 들어있던

上げたので、企業はさらに積極的に投資を行うこととなった。

　高度成長の原因としては、他の欧米先進国との比較という点において、活発な民間設備投資、高い貯蓄率、高い生産性、勤勉さ、近年に至るまでの低い老年人口比率、高い教育水準、良質な労働力、技術の模倣、改良、発明、輸出主導型の成長路線の成功、労使関係の安定、政治の安定などが挙げられる。

　1972年、田中内閣は「日本列島改造計画」を発表した。これは過密と過疎の解消のための国土開発計画であった。この計画の実現のため、予算と財政投融資の増額補正を組んだが、財政の支払超過となってしまった。この計画が影響して、株・土地などの資産投機が起こり、需要を拡大させた。その結果、消費者物価も急騰した。

3 高度成長の弊害

　1960年代、工業化の進展につれて様々な公害が発生し、社会問題化した。水俣病[2]、イタイイタイ病[3]、ぜんそく[4]などの病気の被害者たちは、原因となった物質を排出した企業と、その企業を監督する国を相手取って[5]、各地で訴訟を起こし、長い年月の末、勝訴を勝ち取った。それらの裁判の間でも、国や地方自治体の公害対策も進んだ。

　一方、企業の側も、国や地方自治体の厳しい規制に対応すべく、技術

카드뮴이 진쓰강을 오염시키고, 강물이 유역 논과 밭의 농업용수로, 주민들의 식수로 사용됨으로써 카드뮴이 사람 몸으로 들어간 것으로 확인됨. 이 병에 걸린 사람들이 "痛い、痛い"라고 하여 이 병명이 붙음

4. ぜんそく : 천식(喘息). 기관지의 근육이 위축되고 점막이 부풀어올라, 숨이 가쁘고 기침과 가래가 나옴
5. 相手取る : 상대로 하여 다투다

の向上に努めた。また、日本の産業構造が、重厚長大¹⁾な産業や化学工業から公害をあまり出さないハイテク産業へと、重心を移していった。以上によって、日本の公害問題は大きく改善に向かっている。

　次に、労働者の長時間労働の問題である。近年になって、ようやく働きすぎによる「過労死」が社会問題となってきてはいるが、日本でこのような問題が生じ、またその対策がなかなか進まない原因としては、労働者の側が自ら進んで残業をこなしているという側面があるので、問題が発覚しても、「頼みもしないのに、好きで残業していただけ」と、企業に切り返されて²⁾しまうからである。

　例えば、1日8時間労働として、残業が2時間、往復の通勤の3時間とすると、1日に13時間も拘束される。また、日本人は他人に気を使う傾向にあるので、自分の仕事が終わっても、同僚に付き合って残業をするといったケースも多い。休暇をとるにも、同僚や上司に気遣う。しかし、近年の不況による企業の業績悪化で、企業は残業をカットする傾向にあるので、長時間労働の問題は改善に向かっている。

　ところが人員の削減により、かえって残業が増えているケースもある。また、再び景気がよくなれば、長時間労働の問題が復活する可能性も残っている。したがって、この問題はまだ予断³⁾を許さない状況にあるといえよう。

1. **重厚長大** : 중화학공업 등을 뜻하는 말. 또는 그런 산업의 특징을 가리키는 경제용어. '무겁고 두껍고 길며 큰' 제품을 다루는 산업이라는 데에서 유래함
2. **切り返す** : 받아넘기다, 되받아치다
3. **予断** : 예단, 예측

4　2度のオイルショック

　1973年には、第1次オイルショックが発生し、これを契機に「狂乱物価」が起こった。これに対して、政府は公共投資の圧縮、公定歩合4)の引き上げなどの需要抑制策を取った。これが功を奏し5)、狂乱物価は抑え込んだが、その一方、日本経済は深刻な不況に陥った。

　1975年からは、政府は公定歩合の引き下げなどの景気刺激策をとったが、景気は回復しなかったので、赤字国債の発行を決定した。これは現在に至るまでほぼ毎年のように続けられており、財政の硬直化をもたらしている。

　1978年には第2次オイルショックがおきるが、この時は大平内閣が早めの引き締め政策を取ったので、狂乱物価は発生しなかった。

5　貿易摩擦

　日本経済は、原材料を外国から輸入し、それを自国で加工して輸出するという加工貿易で成り立っている。日本企業は、原油価格の上昇、人件費の上昇などの数々の不利な条件を、産業ロボットの開発に代表されるような技術革新によって、低コスト化を実現し、危機を乗り切ってきた。しかし、日本製品の輸出攻勢に対し、諸外国、とりわけアメリカの

---

4. 公定歩合：공정 금리, 공정 이율
5. 功を奏す：주효하다

対日貿易赤字が膨らみ、アメリカは再三にわたり日本に、内需を拡大してもっとアメリカ製品の輸入を増やすようにと、クレームをつけてくるようになった。そして、アメリカは、為替相場[1]を円高の方向に誘導した。その結果、日本の輸出産業は少なからず[2]ダメージを受けた。しかし、国際協調の観点から、日本は内需の拡大に努めて輸入を拡大し、また、日本企業も生産拠点を海外に移すなどして、貿易収支の改善に前向きに[3]協力したため、貿易収支の問題はある程度は改善した。それでもなお、現在に至るまで、日本の貿易黒字の傾向は続いている。

日本銀行本館

　アメリカが貿易赤字となっている国は日本だけではないにもかかわらず、いつも日本だけが槍玉にあがるのは、ヨーロッパ諸国は特定の産業に特化しているため、アメリカとの利害の競合が避けられていることにある。資本主義経済がいくら自由競争を建前としているとはいえ、ある程度のすみわけ[4]は必要であろう。したがって、今後の日本は、国際協調の観点から、アメリカで創出される産業を模倣し、アメリカと競争す

1. 為替相場：외환 시세, 환율
2. 少なからず：적지 않음
3. 前向きに：적극적으로

4. すみわけ：경쟁 관계에 있는 업계가 각각의 특색을 살림
　　으로써 공존하는 상태

るよりも、現在すでにある一定のレベルにまで育っている特定の産業に特化する必要があると思われる。

6 現在の日本経済

　以上述べたように、戦後から1990年までの日本経済は、総じて順風満帆[5]であったといえよう。

　しかし、1980年代後半のバブル景気を経て、1990年代に入ると一転して日本経済は低迷期に入る。当初は、景気循環のサイクルの中での一時的な不況と考えられてきた。日銀[6]の対策も、景気対策のセオリー[7]である公定歩合の引き下げと公共投資の前倒し[8]などで対処してきた。しかし、今までの景気対策のセオリーはことごとく通用しなかった。国内外の経済学者も、1990年代後半からは、日本経済は拡張期に入ると予測していた。しかし、その予測は見事に外れた。国民は、付け焼刃[9]的な政策は通用せず、抜本的な構造改革が必要なことに気づき始めた。

　2001年から始まった自民党の小泉内閣のもとで「聖域なき構造改革」が進められた。小さな政府を実現するために、政府による肥大化した公共サービスを削減して、市場でできることは市場に委ね[10]ようというものである。郵政事業や道路関係四公団を始めとする各種公企業の民営化が成果として挙げられる。更に各種分野での規制緩和や医療制度改

---

5. 順風満帆：순풍에 돛을 활짝 폄, 모든 일이 순조롭게 진행됨
6. 日銀：日本銀行(일본은행)의 준말
7. セオリー：theory. 이론, 학설
8. 前倒し：예정보다 앞당겨 실행함
9. 付け焼刃：섣부른, 얄팍함
10. 委ねる：맡기다, 바치다, 내맡기다

革も進めた。一方、こうした規制緩和や産業構造の変化によって非正規雇用者（こようしゃ）が増大し、その割合（わりあい）は2000年の約24％から2012年には約35％までになった。こうした構造改革によって社会の格差が大きくなったことを受けて、行き過ぎた改革を批判（ひはん）する声もある。

　小泉政権が成立した2001年からリーマンショック直前までドル高円安による緩（ゆる）やかな景気回復（かいふく）が続いたが、その後の世界経済の冷え込みによって円高となり、景気低迷が続いた。2012年末に首相となった安倍晋三はこれを打破（だは）するために、「アベノミクス」と呼ばれる一連の経済政策を打ち出した。安倍自らが「三本の矢（さんぼんのや）」と呼んでいるその内容は、大胆（だいたん）な金融政策、機動的（きどうてき）な財政政策、民間投資を喚起（かんき）する成長戦略である。これによって景気回復の期待感（きたいかん）は高まったものの[1]、真に効果が現れるのかどうかは今後を注視（ちゅうし）する必要がある。

7　バブル経済の原因とバブル経済崩壊の原因

　バブル経済の直接（ちょくせつ）の原因は、1985年の先進国首脳会議（せんしんこくしゅのうかいぎ）でのプラザ合意（ごう）後、国際通貨（こくさいつうか）である米国ドルの大量発行により生じたドル安各国通貨高（だか）のなかで、日本では急な円高防止対策（えんだかぼうしたいさく）として円の大量発行をした結果、市場に必要以上の通貨が供給（きょうきゅう）されたことにある。そして、こうした通貨が土地（とち）、株（かぶ）、ゴルフ会員権（かいいんけん）、絵画（かいが）などに通貨が回りその市場価格が

1. 〜ものの：〜하지만

暴騰した。

　その後米国は大量発行したドルを回収し、ドルの市場への供給量を減少させはじめた。その結果ドル高各国通貨安となり、今度は逆に急な円安防止対策として、市場から円を減らさなければならなくなり、土地、株、ゴルフ会員権などで運用されていた資金が、政府に吸い上げられる[2]こととなった。このため株式、土地、ゴルフ会員権などの市場価格は暴落した。銀行借入れで株式、土地などを購入した企業、個人の資産評価額は大幅に減少した。しかし、企業、個人の借入金の評価残高は資産評価額のように減少せず、財務状態が急速に悪化した。このようにしてバブル経済は崩壊し、証券、金融、生保など会社の倒産が相次いだ。

　企業の財務状態の改善方法は、目減り[3]した資産評価額を市場への通貨供給量を増加させて、株価、土地の評価額をあげるか、銀行など債権者が資産の評価額に見合うまで、企業への貸付金の評価額を債権放棄により下げるかによる。株価などの上昇は、大小企業、個人などを救済す

---

2. 吸い上げる：빨아들이다、빨아올리다、착취하다
3. 目減り：분량 감소、자연 감량、물체의 실질적인 가치가 감소함

ることにつながる。

　しかし、このような付け焼刃的政策では、再びバブル経済の再燃_{さいねん}とい
うことにもなりかねない¹⁾。日本人は「国民所得」という概念_{がいねん}をひたす
ら信奉_{しんぽう}し、GDPを成長させることに傾注_{けいちゅう}してきた。しかし、それが本当
に国民の幸福につながったとは言いがたい。経済成長率を上げるという
単なる数字合わせではなく、何が真の国民生活の向上に結びつくのかを
真剣_{しんけん}に考える時期に来ているといえよう。

---

1. 〜かねない：〜하지 않는다고 말할 수 없다. 〜할 것 같
   다

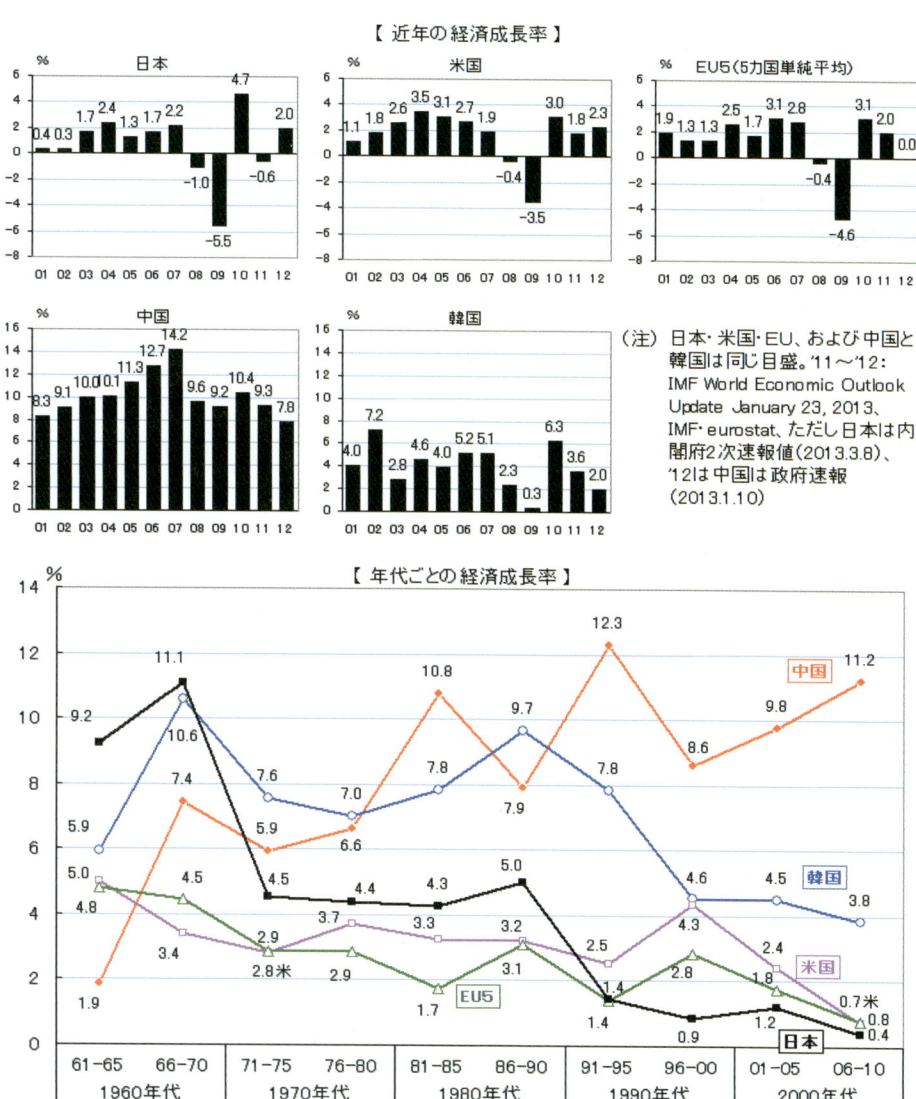

【 近年の経済成長率 】

（注）日本・米国・EU、および中国と韓国は同じ目盛。'11〜'12：IMF World Economic Outlook Update January 23, 2013、IMF・eurostat、ただし日本は内閣府2次速報値(2013.3.8)、'12は中国は政府速報(2013.1.10)

【 年代ごとの経済成長率 】

（注）年代ごとの経済成長率は各年の成長率（実質GDP対前年増減率）の単純平均である。
EU5カ国は英国、ドイツ（90年までは西独）、フランス、イタリア、スウェーデン
（資料）世界銀行WDI Online 2012.11.26（90年までの西独はOECD資料）、内閣府（日本）ほか

Unit 13 日本の産業

　日本はかつて農業国であり、第二次世界大戦前までは第一次産業に従事する者の割合が最も高かった。しかし、第二次世界大戦後、高度成長期を境にして、第二次産業、第三次産業に従事する者の割合が、第一次産業のそれを上回った。そして、高度成長期の終了とともに、第二次産業に従事する者の割合も横ばいとなり、現在では第三次産業のそれが最も高くかつ増加傾向にある。

1 日本の農業

農業政策の変遷

　日本人の主食は米である。農業と工業の発展が均衡していた江戸時代後期から大正時代初期までは、米の需給[1]はバランスしていた。しかし、大正時代中期以降、人口増加と工業への労働力集中で、米不足が生じた。米価は上昇し、1918年には米騒動も起きた。

　第二次世界大戦中、食糧管理法が成立し(1942年)、米の生産から流通まですべてを政府が統制するシステムが誕生した。農地改革によって自作農が増えたものの、高度経済成長のもとで農業部門と第2次・第3次産業との所得格差は開いていった。

　政府は食糧管理法によって米の価格維持政策をとり、農工間の所得格差解消を図った。しかし、食生活の欧米化により米の需要は1962年をピークに減少していったにもかかわらず、価格維持政策により、米の供給はますます増えていった。やがて米の供給過剰が社会問題となった。

　1970年、政府は強制的に作付け面積[2]を減らす「減反政策」を導入した。通常、供給過剰になれば価格が下落することによって需給は調整される。しかし、政府は減反政策を導入し、供給を減らすことによって需給を調整した 。そのため価格は下落せず、これに円高も加わって、日本の米価格はアメリカやタイ米の7〜13倍になってしまった。

　1980年代からは国際化の波が押し寄せて[3]きた。日本は自由貿易によって一番利益を受けているのに、なぜ米だけは自由貿易をしないのか。

---

1. 需給 : 수급, 수요와 공급
2. 作付け面積 : 농작물 재배 면적
3. 押し寄せる : 밀어닥치다, 밀려들다, 몰려들다

アメリカからそう言われれば、日本は反論できない。1993年、日本はウルグアイラウンドでついに米の一部自由化を認めた。1995年から国内消費量の4％を最低限輸入することを約束することになる(ミニマム・アクセス)。

その後、1999年からは米の関税化が実施され、1Kgにつき341円の関税を払えば、自由に輸入ができるようになった。しかし、今のところ関税があまりに高いので、輸入はほとんどなされていない。一方、ミニマム・アクセス米として、日本は関税なしで年間77万トンの輸入義務を負っているが、その77万トンのミニマム・アクセス米の処理に四苦八苦[1]しているのが現状である。

資料) ミニマム・アクセス米の輸入数量の推移

(単位：千トン)

年度	1995	1996	1997	1998	1999	2000	2001	2002	2003	2004	2005	2006	2007
輸入量	43	51	60	68	72	77	77	77	77	77	77	77	71

(注) 契約ベース。

● 日本農業の現状

戦後600万戸あった農家戸数は、現在では283万戸まで減少し、農業人口も1200万人から288万人へと減少してしまった。いまや農業は全就業者数の5％を占めるだけであり、農業の生産額はGDPの1％を占めるだけである。

---

1. 四苦八苦：온갖 괴로움과 심한 고통을 통틀어 이르는 말

農業がここまで衰退した最大の理由は、要するに「農業は儲からない」からである。米農家の年収を試算してみよう。

日本の平均耕作地が170アールで、年収は200万円ほどにしかならない。ここから肥料代や高価な農機具代(たとえば、一番安い小型トラクターで300万円もする)を引けば、平均的な農家の所得ではやっていけないことは明らかである。

農家は「自給的農家(農耕地が30アール未満)」、「販売農家(農耕地が30アール以上)」に分類され、販売農家はさらに、「農業所得が主である主業農家」、「農外所得が主である準主業農家」に分類される。

一方、若い人がサラリーマンをやりながら片手間に[2]農業をやる農家(正確に言うと65歳未満の農業従事60日以上の者がいない農家)を「副業的農家」と呼んでいるが、日本の農家の約40%は副業的農家である。

1961年に農業基本法ができたとき、政府は米以外も作ることを進める「農作物の選択的拡大」と、「経営規模を拡大し機械化し、生産性を高めよう」と言った。要するに、農業規模を拡大し、畜産など米以外の需要にも応えられるようにして、農家の自立を図ったのである。

しかし両方とも失敗した。農村の過剰人口は都市部に吸収されたものの、農家は経営規模を拡大させないで、サラリーマンの片手間に農業をやる「副業的農家」の道を選んだのであった。結局、工業部門の生産性を高めることはできても、農業部門の生産性を高めることは容易ではなかったのである。

---

2. 片手間に：틈틈이

● 今後の日本の農業

日本の食料自給率はわずか39％である。 他の先進諸国に比べれば異常に低い。自給率が39％ということは、食事エネルギーの約60％を輸入に依存しているという意味である。アメリカは工業国であると同時に農業大国でもある。フランスも農業が盛んである。イギリスも、第二次世界大戦後、食料自給率を高める政策に転換してきた。

1991年、牛肉・オレンジの自由化、1993年米市場の部分開放など、日本は外圧に押される形で少しずつ門戸を開放してきた。今後、国際競争力をいかに強化するか。競争力を高めた結果として食料自給率を上昇させようとするのである。

一般に稲作の最小効率規模は10ヘクタールと言われる。すなわち、それより小規模だと平均費用が高くつく[1]。日本の稲作農家の平均耕作地が96アール（1 ha弱）であることから、農業を大規模化して生産コストを下げる余地はまだまだある。

しかし、農家の平均経営規模が、EUは日本の9倍、米国は100倍、豪州は2,000倍近くもあることを考えると、たとえ日本の農家を全部最小効率規模にしたとしても、外国に太刀打ち[2]できないのである。これは自然条件からして仕方がないことであろう。だから、完全自由化を実施すれば、食料を全面的に海外に依存する結果となることは明白である。現在、日本は農産物に高関税を課して日本の農家を保護している。主な関税率は次の通りである。

---

1. つく：(값이나 비용이) 들다
2. 太刀打ちできない：맞설 수 없다

穀物自給率の国際比較

国　名	穀物自給率
オーストラリア	333%
フランス	173%
アメリカ	132%
ドイツ	101%
中国	100%
イギリス	99%
ロシア	99%
北朝鮮	78%
イタリア	73%
スイス	43%
韓国	28%
日本	27%
オランダ	24%
イスラエル	9%
ブルネイ	0%

日本農林水産省調べ、2003年

日本の主な高関税の農畜産物

品　目	関税水準
コンニャクイモ	1706%
米(精米)	778%
落花生 3)	737%
米(玄米)	568%
でんぷん 4)	583%
小豆 5)	403%
バター	360%
砂糖	305%
大麦	256%
小麦	252%
脱脂粉乳	218%

データは2008年8月現在

---

3. 落花生：땅콩
4. でんぷん：전분, 녹말
5. 小豆：팥

田植えの風景

一方、戦争・人口爆発などの事態に備えて食料だけは自前[1]で確保すべきだという考え方もある。これを食料安全保障という。また、食の安全や、洪水防止機能・環境保全など農業の多面的機能の面に注目して、農業の保護を説く考え方もある。一言で言うならば、生産者保護から国民のための農業保護と言うことである。しかし、グローバル化が進む中で、次第に農業の自由化を進める考え方が優勢になってきており、日本が食料安全保障の立場を主張することが難しくなってきている。これからは日本の農業の将来像[2]を見据えた[3]政策が求められよう。

1. 自前 : 각자 부담, 자비
2. 将来像 : 장래상, 미래상
3. 見据える : 주시하다, 응시하다, 확실히 보다

2 日本の漁業

　海や川などで水産物をとる漁業は、陸から漁場までの距離や漁船の航行能力などで決まる。小型の漁船で海岸近くで行うものが「沿岸漁業」で、海に作ったいけす[4)]などで魚を育てる養殖もここに含まれる。やや離れた沖で中型の漁船で行うものを「沖合[5)]漁業」、外国の海や公海など遠く離れた場所で大型の船で行うものを「遠洋漁業」という。さらに川や湖沼[6)]などの淡水域で行うものを「内水面漁業」と呼んでいる。

　昔より日本の漁業の中心である沿岸漁業と沖合漁業は、日本の「領海」および「200海里水域」内で行われている。領海とは、沿岸から12海里（約22km）までを領土とする考え方で、その沿岸国の所有となる。

　200海里水域は領海を含めて沿岸から200海里（約370km）までの海を指す。この水域は「排他的経済水域」とも呼ばれ、この範囲内にある水産物や鉱物などの天然資源は沿岸国が得る権利がある。200海里の排他的経済水域は、国連海洋法条約で定められ、日本は1996年に、この条約の締約国[7)]となった。つまり、日本の主な漁場はこの範囲内になり、外国の漁船が日本の許可なく漁をすることは禁止されている。

　日本の国土は世界的に見ても大きくないが、周囲を海に囲まれていることから、200海里水域面積は世界第6位となっている。漁業資源には恵まれており、漁獲量も世界第一位であった時代がしばらく続いていた。

---

4. いけす : 잡은 물고기나 요리에 사용할 물고기를 살려 두는 곳. 강이나 못 또는 해안 등의 물속에 대나무 울타리를 만들어 놓거나 또는 상자 모양으로 만든 것

5. 沖合 : 앞바다 쪽, 앞바다 부근

6. 湖沼 : 호수와 늪

7. 締約国 : 체결국

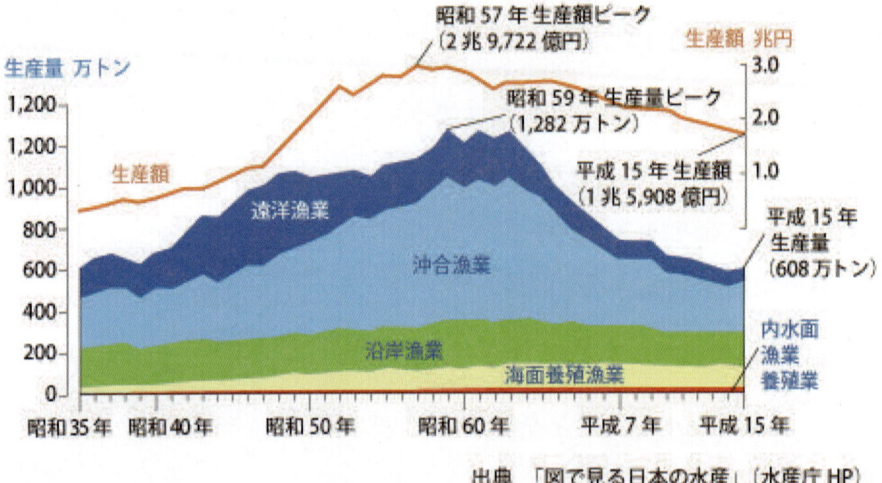

●漁業部門別生産量等の推移（図1）

生産量 万トン

昭和57年 生産額ピーク
（2兆9,722億円）

生産額 兆円
3.0

生産額

2.0

昭和59年 生産量ピーク
（1,282万トン）

遠洋漁業

1.0

平成15年 生産額
（1兆5,908億円）

平成15年
生産量
（608万トン）

沖合漁業

沿岸漁業

内水面
漁業
養殖業

海面養殖漁業

昭和35年　昭和40年　　昭和50年　　昭和60年　　平成7年　　平成15年

出典　「図で見る日本の水産」（水産庁HP）

昭和35年＝1960年、昭和60年＝1985年、平成15年＝2003年

　各国の領海と200海里水域以外の海は、「公海」と呼ばれる。公海は
どの国からも管理を受けることなく、誰もが自由に船で行き来し、国連
海洋法条約や漁業の国際条約で定められたルールを守りながら、魚をと
ることができる。日本の遠洋漁業はこの公海のほか、他国の200海里水
域内で漁を行って[1]いる。

　現在、日本の漁業の中心となっているのは沿岸漁業で、生産額である
約9400億円は全体の6割を占めており、漁業者も全体の9割近くが従事
している。一方、インド洋、大西洋、南太平洋、アフリカ近海の公海
や外国の200海里水域でまぐろ[2]、かつお[3]、いか[4]などをとる遠洋漁業

1. 漁を行う：고기잡이를 하다
2. まぐろ：참치
3. かつお：가다랑어
4. いか：오징어

は、資源の枯渇（こかつ）や200海里の規制（きせい）による漁場の減少などによって、生産額や従業者（じゅうぎょうしゃ）はその数を大きく減らしている。

　戦後、日本の漁業は、沿岸から沖合へ、沖合から遠洋へと、漁場を外に向かって拡大することで漁獲量を伸ばし、発展してきた。日本の遠洋漁業の漁獲量が最高を記録したのは1973年である。しかし、1973年より沿岸から200海里を排他的経済水域と定める国連海洋法条約の採択（さいたく）に向けた会議が始まり、この年を境に、遠洋漁業の漁獲量は減少していく。1977年には、アメリカとソ連(現在のロシア)が200海里水域における自国の権利を宣言（せんげん）し、日本が操業（そうぎょう）できる漁場は、どんどん狭くなっていったのである。

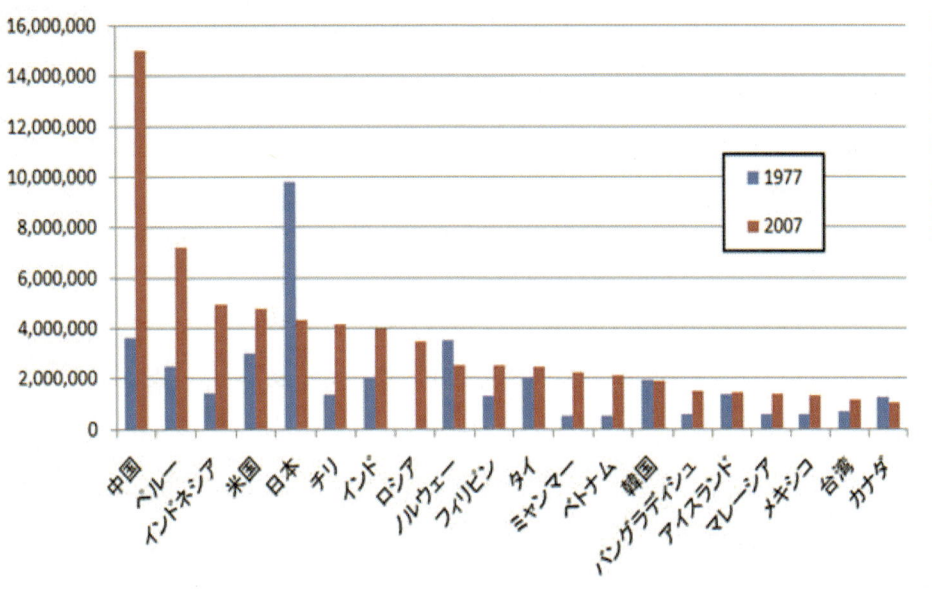

漁場の縮小にともない、1984年に最高の生産量を記録したが、遠洋漁業の漁獲量は減り続け、2005年には、最盛期[1]の15%にも満たないところまで落ち込んでいる。また、1990年代に入ると、沖合漁業の生産量も急激に減ってしまった。このように魚が極端に減ってしまった原因には、海洋環境の変化などもあるが、水産資源を適切に管理せず、乱獲[2]を行ったことも大きな原因となっている。

　一方、衰退を続ける漁業に対して、日本の養殖漁業は勢力を伸ばしてきている。2003年の生産量に対する養殖業生産量のシェアは2割強で、天然魚の一部が飼・肥料に回ることも考慮すると、小売店に並ぶ魚介類の3割以上が養殖物といえる。

　養殖物がここまで伸びた背景には、国際的な漁業規制の強化や乱獲のほか、消費の選択的拡大と流通業の発展という2つの要素が大きい。祝いの席などでしか口にしなかったブリ[3]、タイ[4]、エビ[5]などの高級魚は、戦後の所得水準向上で日常的なニーズが高まり、季節により獲れな

---

1. 最盛期：최고 전성기
2. 乱獲：남획, 함부로 잡음
3. ブリ：방어
4. タイ：도미, 돔
5. エビ：새우

くなる天然物を補う形で養殖物が台頭してきた。

築地市場[6]で「大物」とよばれるマグロは、世界の漁獲量の半分近くが日本で消費されるほど需要が高い。また、欧米の環境保護団体の活動により、代表的マグロであるクロマグロの規制措置案が、鯨の全面禁漁と同じ文脈でワシントン条約の絶滅危倶種[7]に指定されかけたこともある。これらの背景から期待が高まるマグロ養殖であるが、日本ではその研究は進んでいるし、完全養殖が成功した例もある。

さて、1960年代の日本では漁業の生産量は増えているが、工業などの第二次産業が成長したため、農村や漁村から都市部に移って、工場や会社で働く人が増えた結果、漁業者の数は減少した。

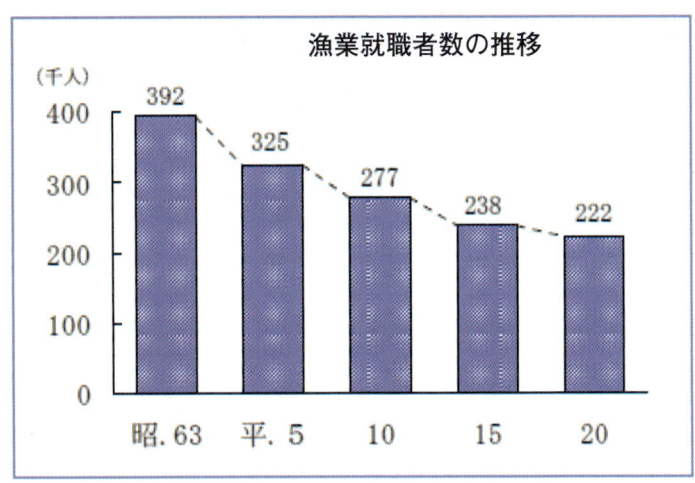

さて、1960年代の日本では漁業を取り巻く状況は悪化することになった、1970年代には、各国の200海里宣言で漁場が狭まり、遠洋漁業画が打撃を受け

6. 築地市場：도쿄에 있는 공설 도매시장
7. 絶滅危惧種：멸종위기종

た。1980年代後半からは、日本近海の水産資源が減ってきたことなどから、沖合・沿岸漁業の漁獲量も急激に減少した。漁獲量も減り、とった魚の値段も上がらず、収入に繋がらないこと、また自然相手の危険で厳しく、そのうえ長時間労働の仕事であることから、特に若い人が漁業から離れていった。現在、漁業者は約20万人と過去40年間で3分の1以下に減り、現在働い

漁港の様子

横浜埠頭

ている漁業者の約30%が65歳以上の高齢者となっている。また、船などの居住・労働設備も、古いものを長く使うことが多く、若い人が敬遠する[1]原因の一つとなっている。

　沿岸漁業などを中心に家族で働く漁業者の1年間の漁業収入は、この20年余り、500万円前後で推移している。ここから船や網[2]の修理代、燃料代などの経費を差し引く[3]と、漁業で得られる純粋な所得は約200万円になる。

　1990年代に入ってから漁業所得は少しずつ下落してきているが、物価上昇を考えると、実質的には、かなり減少しているといえる。漁獲量

---

1. 敬遠する：경원하다, 공경하되 가까이하지는 않다
2. 網：그물
3. 差し引く：빼다, 공제하다, 차감하다

の減少に加え、養殖漁業の台頭や輸入品の増加によって水産物の値段が下がっていることや、燃料費の高騰[4]も生活を苦しくしている一因である。

　2005年の沿岸漁業者の平均収入は221万円で、漁業以外の所得を合わせた総所得は517万円であった。漁業からの所得は全所得の半分以下に過ぎない。年金や他の仕事をしている家族の支えがなければ、生活していくのは難しいというのが現状である。

3 日本の林業

　日本は森林には恵まれているので、昔から林業は盛んであった。

1945年〜1960年代には、日本では戦後の復興などのため、木材需要が急増した。しかし、戦争中の乱伐[5]による森林の荒廃や自然災害などの理由で供給が十分に追いつかず、木材が不足し、高騰を続けていた。

---

4. 高騰 : 높이 뛰어오름, 높이 치솟음
5. 乱伐 : 남벌. 나무를 함부로 베어 냄

このため、政府は造林を急速に行なうため「拡大造林政策」を行った。「拡大造林」とは「おもに広葉樹[1]からなる天然林を伐採した跡地や原野などを針葉樹中心の人工林(育成林)に置き換えること」である。伐採跡地への造林をはじめ、里山[2]の雑木林、さらには、奥山[3]の天然林などを伐採し、代わりにスギ[4]やヒノキ[5]、カラマツ[6]、アカマツ[7]など成長が比較的早く、経済的に価値の高い針葉樹の人工林に置き換えた。

政府は「木材は今後も必要な資源で、日本の経済成長にも貢献する」と判断した。そして、木材の生産力を飛躍的に伸ばし木材を大量確保するため、拡大造林政策は強力に推し進められた。

この拡大造林の時期は「燃料革命」と重なる。当時の家庭燃料は木炭や薪[8]が中心であったが、この時期には電気・ガス・石油に大きく切り替わっていった。もともと農家周辺の里山の雑木林は、家庭燃料や農業に必要な肥料・飼料などの採取場所として生活に欠かせないものであった。また、都市に薪や炭を供給する役割も持っていた。木炭や薪などのエネルギー源として利用されていた木材は、この燃料革命とともに、もはやエネルギー源としては時代に適さないと考えられるようになった。

里山の雑木林などの天然林の価値が薄れたため広葉樹は伐採され、建築用材などになる経済的価値の高いスギやヒノキの針葉樹に置き換える拡大造林は急速に進んだ。このスギやヒノキの木材価格は需要増加に伴い急騰しており、木を植えることは銀行に貯金することより価値のあることのように言われ、いわゆる造林ブームが起こった。この造林ブームは国有林・私有林ともに全国的に広がり、わずか15～20年の間に現在

1. 広葉樹：광엽수, 활엽수
2. 里山：마을 근처에 있고, 그 지역에 사는 사람의 생활과 밀접하게 맺어져 있는 산이나 삼림
3. 奥山：깊은 산, 심산
4. スギ：삼나무
5. ヒノキ：편백나무, 노송나무
6. カラマツ：낙엽송
7. アカマツ：적송

の人工林の総面積約1000万haのうちの約400万haが造林された。

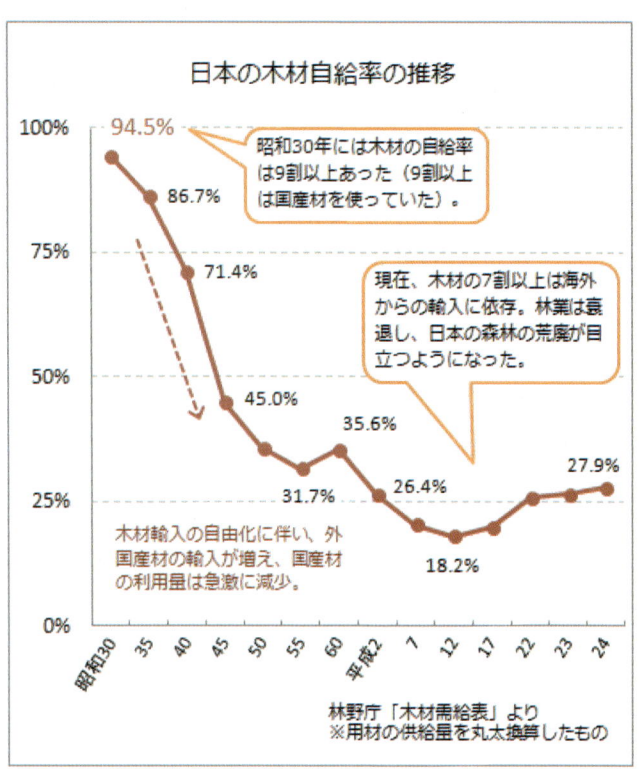

この燃料革命と同時期の1960年代、木材の需要を賄う[9]べく、木材輸入の自由化が段階的にスタートし、1964年に木材輸入は全面自由化となった。国産材の価格が高騰する一方で外材(外国産の木材)の輸入が本格的に始まったのである。外材は国産材と比べて安く、かつ大量のロット(一度にまとまった量を)で安定的に供給できるというメリットがあるため、需要が高まり、輸入量が年々増大していった。しかも、1970年

8. 薪 : 장작
9. 賄う : 조달하다, 마련하다

代後半には、変動相場制になり、1ドル＝360円の時代は終わった。その後、円高が進み、海外の製品がますます入手しやすくなったのである。

　これらの影響で、1980年頃をピークに国産材の価格は落ち続け、日本の林業経営は苦しくなっていった。1955年には木材の自給率が9割以上であったものが、今では2割まで落ち込んでいる。日本は国土面積の67％を森林が占める世界有数の森林大国である。しかしながら供給されている木材の8割は外国からの輸入に頼っているといういびつ[1]な現状になっている。

　一方、国内の拡大造林政策は見直されることなく続けられていた。1996年にようやく終止符が打たれたが、木材輸入の自由化、そして外材需要の増大の影響で、膨大な人工林と借金が残った。

---

1. いびつ : 이그러짐, 찌그러짐, 정상이 아님

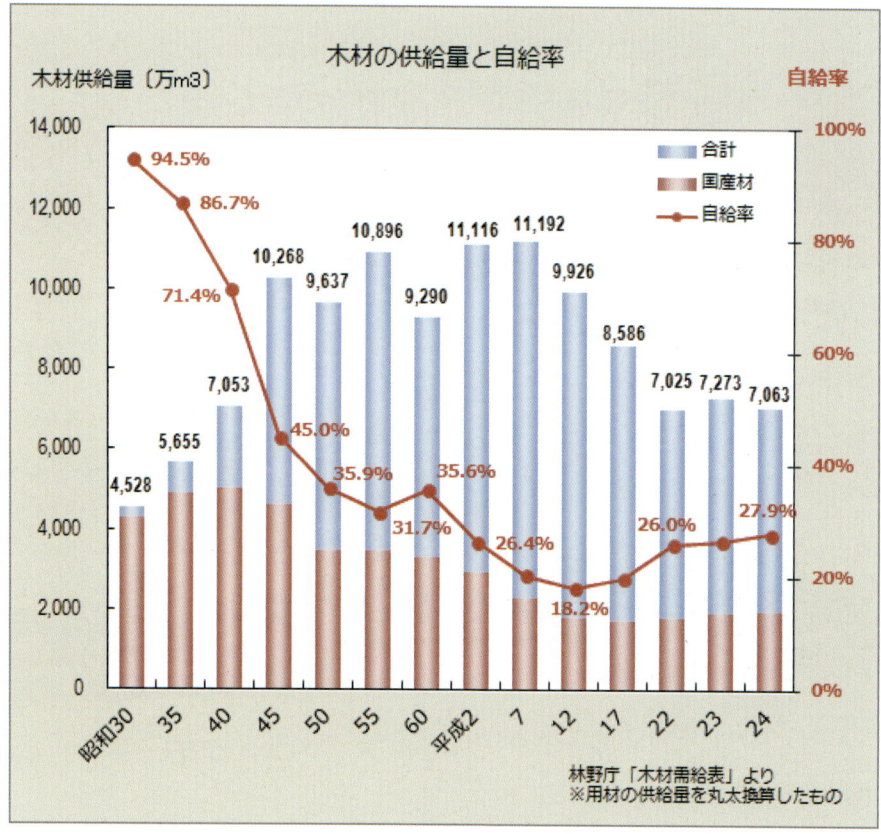

木材の供給量と自給率

木材供給量〔万m3〕　　　　　　　　　　　　　　自給率

林野庁「木材需給表」より
※用材の供給量を丸太換算したもの

木材の輸入自由化とともに日本の林業は衰退

Unit 13 日本の産業

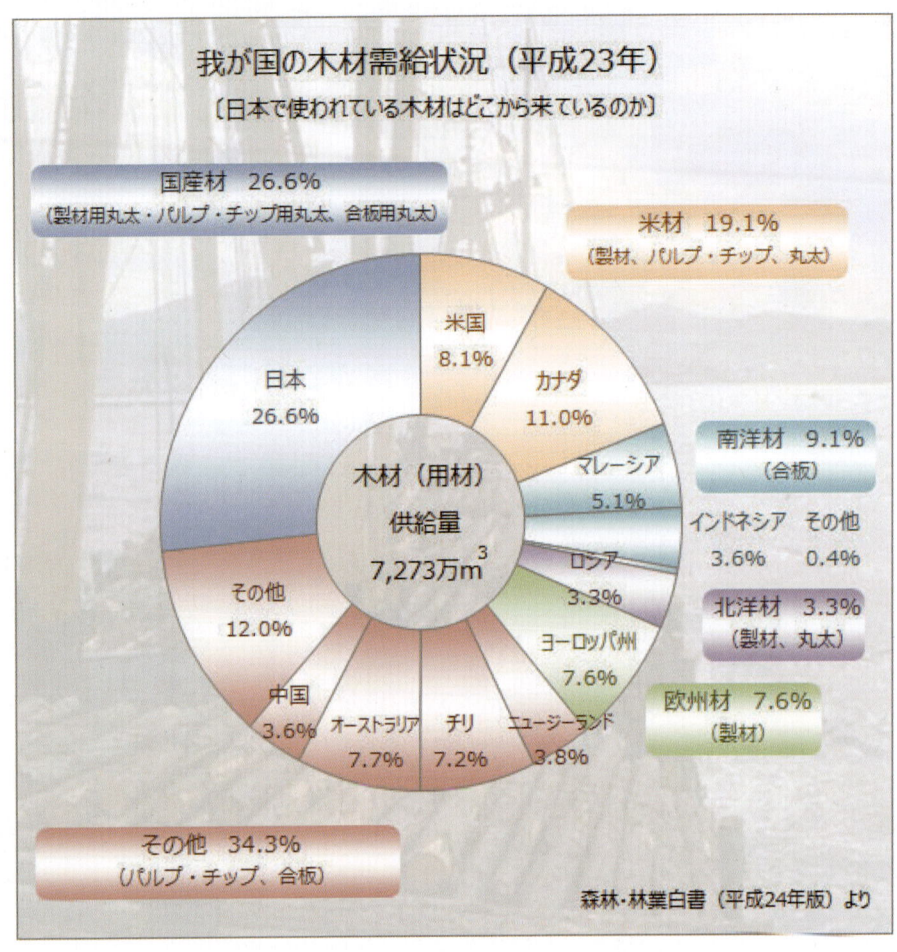

我が国の木材需給状況（平成23年）
〔日本で使われている木材はどこから来ているのか〕

国産材　26.6%
（製材用丸太・パルプ・チップ用丸太、合板用丸太）

米材　19.1%
（製材、パルプ・チップ、丸太）

木材（用材）
供給量
7,273万m^3

日本
26.6%

米国
8.1%

カナダ
11.0%

マレーシア
5.1%

南洋材　9.1%
（合板）

インドネシア　その他
3.6%　　0.4%

その他
12.0%

ロシア
3.3%

北洋材　3.3%
（製材、丸太）

ヨーロッパ州
7.6%

中国
3.6%

オーストラリア
7.7%

チリ
7.2%

ニュージーランド
3.8%

欧州材　7.6%
（製材）

その他　34.3%
（パルプ・チップ、合板）

森林・林業白書（平成24年版）より

　現在、間伐[1]を中心とした保育作業や伐採・搬出などに掛かる費用も回収できず、林業はすっかり衰退してしまった。間伐をはじめとする森林の整備(手入れ)を行ったり、主伐(収穫のための伐採)を行っても採算がとれず、赤字になってしまうのである。林業経営者の意欲は低下し、

1. 間伐 : 삼림이나 수목 농장에서 중심적인 나무의 성장을
돕기 위해 빽빽하게 자라 있는 나무를 솎아 간격을 듬성듬
성하게 하는 일

若者は都市部へ雇用を求めるようになった。また、林業以外に目立った産業のない山村地域<small>さんそん ち いき</small>では、林業の衰退とともに、地域の活力<small>かつりょく</small>も低下し、林業離れ<small>りんぎょう ば</small>による後継者<small>こうけいしゃ</small>不足、林業就業者<small>しゅうぎょう</small>の高齢化、山村<small>さんそん</small>問題、限界集落と呼ばれる問題まで起こっている。

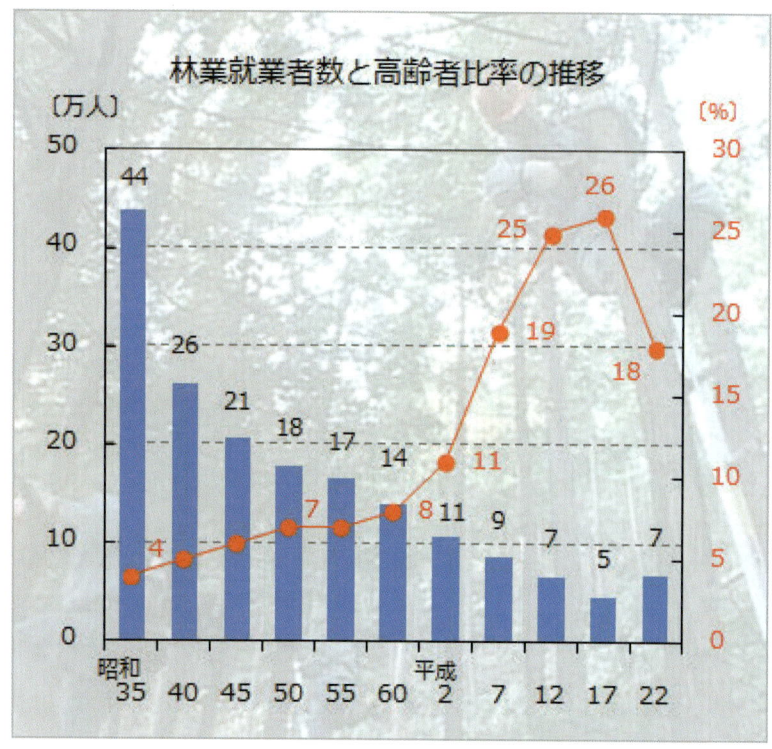

現在、日本の森林は充分<small>じゅうぶん</small>な手入れがなされず、荒廃<small>こうはい</small>[2]が目立つようになった。荒廃した森林は、公益的<small>こうえきてき</small>な機能を発揮<small>はっき</small>できず、台風<small>たいふう</small>などの被害<small>ひ がい</small>を受けたり、大雨<small>おおあめ</small>などによって、土砂災害<small>ど しゃさいがい</small>を起こしやすくなる。さら

2. 荒廃：황폐

に、二酸化炭素を吸収する働きも低下し、温暖化防止機能も低下する。

　また、拡大造林政策によって生み出された多くの人工林が収穫期を迎えているが、伐採されないまま、放置されている森林も目立つ。収穫期を迎えた森林を伐採し、植えて、育てる、そして伐採するというサイクルを回す必要がある。このサイクルを円滑に回すためには、国産材を積極的に利用し、需要を高め、資金を山に還元する必要がある。

　森林を伐らないで守ったり、植えて回復しなければならないのは概ね海外(熱帯林の違法伐採など)の事情で、日本とは異なる。日本の森林資源は使われずに余っている。日本では成長した森林を活かすべき時代となったのである。

4　日本の工業

　日本は資源には恵まれていないので、原料を輸入して製品を作って輸出するという加工貿易によって成り立っている。

　日本の工業は、戦前及び戦後の高度成長期の前半ぐらいまでは、繊維工業が中心であった。その後、鉄鋼、造船、石油化学などにそのウェイト[1]が移り、第一次オイルショック以後は、自動車、家電などが中心となった。

---

1. ウェイト：무게, 중요도, 중점

年代別生産額の割合の変化

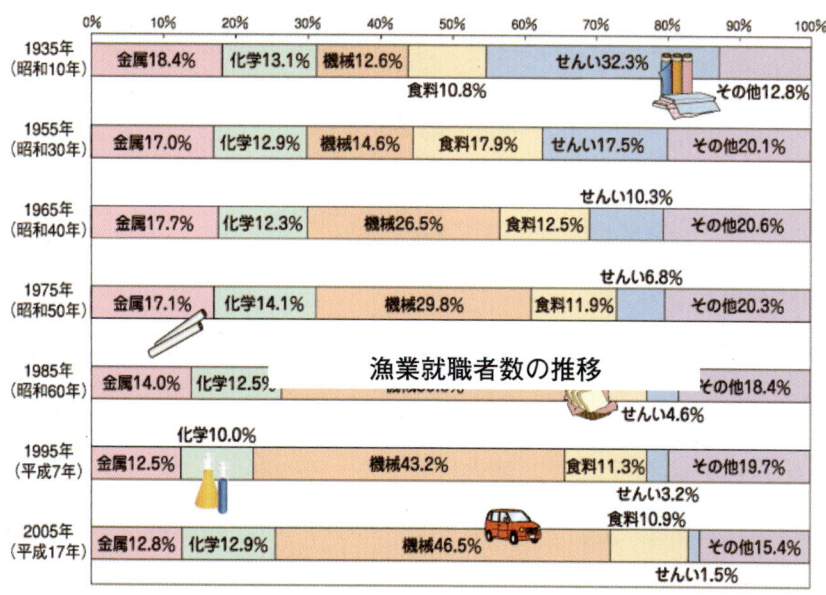

年代	金属	化学	機械	食料	せんい	その他
1935年（昭和10年）	金属18.4%	化学13.1%	機械12.6%	食料10.8%	せんい32.3%	その他12.8%
1955年（昭和30年）	金属17.0%	化学12.9%	機械14.6%	食料17.9%	せんい17.5%	その他20.1%
1965年（昭和40年）	金属17.7%	化学12.3%	機械26.5%	食料12.5%	せんい10.3%	その他20.6%
1975年（昭和50年）	金属17.1%	化学14.1%	機械29.8%	食料11.9%	せんい6.8%	その他20.3%
1985年（昭和60年）	金属14.0%	化学12.5%			せんい4.6%	その他18.4%
1995年（平成7年）	金属12.5%	化学10.0%	機械43.2%	食料11.3%	せんい3.2%	その他19.7%
2005年（平成17年）	金属12.8%	化学12.9%	機械46.5%	食料10.9%	せんい1.5%	その他15.4%

漁業就職者数の推移

重化学工業と軽工業

工業は、比較的大がかりな設備で重い製品がつくられる重工業(金属・機械工業)に同じく大がかりな設備の必要な化学工業を加えた重化学工業、比較的小規模な設備で軽い製品がつくられる軽工業(食料品・せんい[2]・その他の工業)とに大きく分類される。

金属工業

金属工業は、鉱石から鉄・銅・アルミニウムなどの金属を取り出し、それを加工する工業のことをいう。

---

2. せんい：섬유

① 鉄鋼業

　鉄鋼業は．原料の鉄鉱石を熟して[1]鉄を取り出し、その鉄から不純物を取り除くなどして鋼をつくり、その鋼を加工して製品(鋼材)にしている。日本の鉄鋼業は、生産の

多さでは中国に次いで世界第2位(2008年)だが、効率の良さや特殊な鋼材の生産などの技術力は、世界の中でもすぐれている。日本の鉄鋼業は、原料の鉄鉱石や石炭を輸入にたより、鉄鋼の輸出も多いため、大きな製鉄所は広い工場用地が確保でき、輸出入に便利な臨海部のうめ立て地[2]に集中している。

② その他の金属工業

　鉄以外の金属は非鉄金属(銅・なまり[3]・亜鉛[4]・すず[5]など)といい、日本では主に輸入した鉱石から金属をぬき出し、地金[6]がつくられている。銅は電線・伸銅、なまりは蓄電池、亜鉛はトタン[7]として主に使われている。軽金属に分類されるアルミニウムは、つくる際に大量の電力が必要なため．日本では電気の安い国でつくられたアルミニウムを輸入して、それを加工して製品にしている。

---

1. 熟す：잘게 부수다, 소화시키다
2. うめ立て地：매립지
3. なまり：납
4. 亜鉛：아연
5. すず：주석
6. 地金：세공물 따위의 재료가 되는 금속. 바탕쇠
7. トタン：함석

● 機械工業

主に金属を原料にして、自動車や船舶(せんぱく)・家庭用電気製品・電子部品・精密機械(せいみつ)(カメラ・時計など)などをつくる機械工業は第二次世界大戦後に急成長し、日本の工業の中ではもっとも大きな産業となっている。自動車や集積回路(しゅうせきかいろ)・精密機械など日本の機械工業製品はさかんに輸出され、その輸出額は世界の上位をしめている。しかし、家庭用電気製品の生産などでは、国内よりも人件費の低いアジアへ工場を移して生産することが増えたため、国内の生産が減る産業の空洞化(くうどうか)がおこっている。

京浜工業地帯

● 化学工業

化学工業は、石油・石炭・塩(しお)などを化学変化させて、プラスチック・医薬品(いやくひん)・化学肥料(ひりょう)などの製品をつくる工業のことをいう。原油を原料にプラスチックや合成(ごうせい)ゴムなどの製品をつくる石油化学工業では、石油化学コンビナート[8]でさまざまな製品がつくられている。

石油化学関係のいくつもの工場が結び付いた石油化学コンビナートは、原油の輸入に便利な臨海部(りんかいぶ)につくられている。

---

8. コンビナート：콤비나트. 생산 공정의 일관성·다각성을 효율 좋게 실현하는 것을 목적으로, 한 지역에 계획적으로 결합된 공장의 집단. 소련에서 처음 우랄(철광석 산지)·쿠즈네츠크(점결탄산지)의 개별에 채택. 일본에서는 제2차 세계대전 후, 임해공업지대에 대기업의 큰 공장 사이에서 형성

● せんい工業

　せんい工業は、綿花・羊毛・生糸などの天然せんいや、ポリエステル・ナイロンなどの化学せんいを原料に、糸や布、服などをつくる工業のことをいう。せんい工業は、第二次世界大戦前ごろまでは日本の工業の中心であったが、人件費の低いアジアの国々でつくられた安い製品が出回るようになると、日本の製品が売れなくなり、今では日本の工業生産額にしめる割合はわずか[1]になった。

---

1. **わずか**：수량·정도·가치·시간 따위가 아주 적은 모
　　양. 아주 조금. 약간

自動車工業

自動車やその部品をつくる自動車工業は、日本では機械工業の中で生産額がもっとも多い。自動車1台の生産には数万点の部品が使われ、鉄・ガラス・プラスチック・せんいなどさまざまな工業製品が材料に用いられている。そのため、さまざまな工業が自動車の生産にかかわっている。

日本の自動車は故障が少なく、価格のわりに[2]高性能なことから世界各国で受け入れられ、世界でもっとも多く生産されている(2008年)。かつて日本の自動車が多く輸出され、自国の自動車の売れ行きが悪くなったアメリカ合衆国との間で貿易摩擦がおこったことから、日本の自動車会社はアメリカ合衆国を中心に現地生産を進めた。ま

2. 〜のわりに:〜에 비해

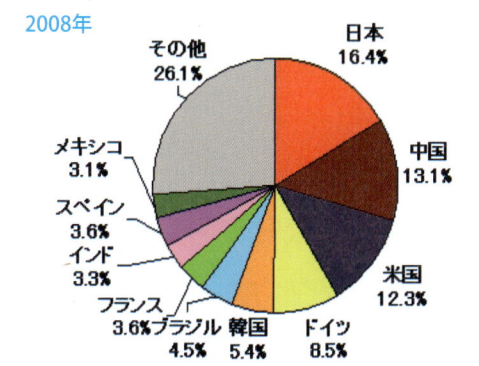

2008年

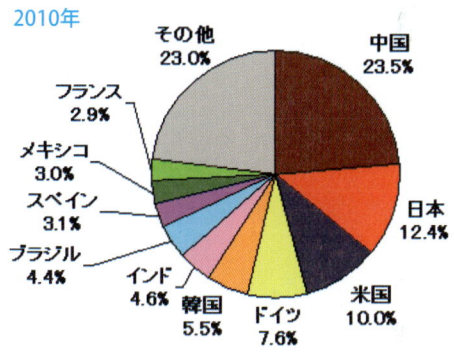

2010年

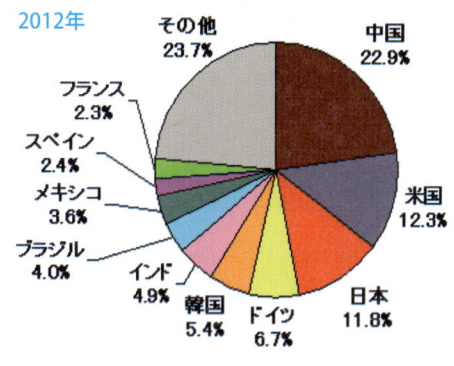

2012年

自動車工場

た、経済の発展するアジアで自動車の販売を増やそうと現地生産を始めたこともあり、1980年代の後半から日本の自動車の海外生産が増え、2007年には海外生産が国内生産を上回った。

環境にやさしい自動車づくりのため、自動車会社は、自動車の排出ガス[1]に含まれる有害物質や地球温暖化の原因の1つといわれている二酸化炭素を減らそうと努力している。すでに町中でもよく見かけるようになったハイブリッドカーは、ガソリンエンジンと電気モーターを組み合わせた自動車で、燃費が良く、排出ガスも少ない。電気自動車や、水素と酸素の反応で生じた電気で走り、水しか排出しない燃料電池自動車は各国の自動車会社によって実用化に向けて開発が進められている。また、廃車になった自動車の部品を再利用(リサイクル)しやすいように自動車の設計もなされている。また自動車会社は、安全な自動車の開発にも力を注いでいる。自動車が衝突すると一瞬のうちに風船がふくらみ乗っている人を守るエアバッグ、前方の車に接近しすぎると危険を知らせたり、夜間の走行時に前方の歩行

---

1. 排出ガス：배출가스, 배기가스

者を知らせたりする装置などが自動車に取り入れられてきている。そして、手足に障害のある人が安全に運転できる自動車や、足の不自由な人が乗り降りしやすい自動車もつくっている。

　現在、日本における製造業の「空洞化」の危険が叫ばれている。それは、企業が製品の低コスト化を実現するため、生産拠点を人件費の安い中国や東南アジアに移しているからである。そのため、国内の雇用が減少し、失業率が高くなり、すると消費マインドが弱まり、消費者物価が下落し、それがさらに企業の生産拠点の国外脱出を助長し、さらにデフレ傾向が強まり、経済成長力が弱まるという悪循環に陥っている。

　この状態を打開するため、政府はIT革命の必要性を訴え、IT産業の育成と社会全体のIT化に力を注いでいる。その結果、家庭でのパソコン普及率も順調に伸び、IT化は順調に進んでいる。しかし、それでも景気は一向に[2]改善されない。

　日本においても、アメリカと同様、第二次産業から第三次産業へ重心を移している。特に、高度成長の終焉とともに、その傾向が顕著となっている。政府もその傾向を後押ししている。しかし、第三次産業が日本の中心産業となってからというもの[3]、バブル景気とその後の平成不況といったように、日本経済にとってプラスに働いているとはいえない。

　その一方で、現在の日本では、ホンダ、スズキ、ヤマハなどの世界的企業が名を連ねている浜松地域のように、製造業に真剣に取り組んでいる地域の経済が好調なのは、皮肉[4]なことである。

　従来の日本は、アメリカで次々と創出される産業を移入し、それをオ

---

2. 一向に：전혀
3. ～てからというもの：～고 부터는
4. 皮肉：빈정거림, 비꼼, 얄궂음

リジナルなものに発展させるということを繰り返してきた。しかし、このような路線は、アメリカとの摩擦を常に生んできた。ヨーロッパ諸国が、それぞれ得意な産業に特化してすみ分けているように、今後の日本もアメリカとの協調ということを考えていかなければならない。

14 日本のスポーツ

日本で人気の高いスポーツは、野球、サッカー、バレーボール、駅伝、マラソン、相撲などである。その他、柔道は日本発祥のスポーツで、国際的にも普及しており、オリンピックでメダルが期待される種目でもある。

1 野球

野球はアメリカ発祥のスポーツであり、英語ではbaseballである。しかし、日本語では原語に忠実にベースボールというのではなく、「野球」という。そのくらい、野球は日本社会によく溶け込んだ[1]存在とな

---

1. 溶け込む : 용해되다, 동화하다

っている。

野球の普及には、鉄道会社が大きく貢献している。まず、箕面有馬電気鉄道(現：阪急電鉄)が大阪朝日新聞(現：朝日新聞)に掛け合って[1]、1915年に沿線の豊中運動場にて全国中等学校優勝野球大会開催にこぎつけた[2]。しかし、予想をはるかに超える人気に、運動場の観客の収容も、鉄道輸送も間に合わなかった。それに目をつけた商売

放課後活動で野球をする高校生

甲子園最終試合後、球場の土を持ち帰る高校球児

がたき[3]の阪神電鉄が、沿線により設備のいい球場を提供すると大阪朝日新聞に持ちかけ[4]、第3回大会以降、鳴尾グラウンド(現：甲子園球場)に会場が移った。その後、1935年に阪神電鉄がプロ野球球団を設立する運びとなると、それに対抗して阪急電鉄も球団を設立した。その後、南海、東急、国鉄、西鉄などの会社、公社が相次いで球団を設立したり、身売りしたり[5]して、現在は阪神、西武の2社が球団を所有している。鉄道会社が野球の経営に熱心なのは、自社線の利用客数を喚起するのが目的であるが、あまり成功しているとはいえない。

ところで、近年は野球人気にも陰りが見えてきた。特に、若者の間で

---

1. 掛け合う：교섭하다, 담판을 짓다
2. こぎつける：배 등을 저어서 도착시키다, 도달하다, 이르다
3. 商売がたき：라이벌 기업
4. 持ちかける：말을 걸다, 권유하다
5. 身売りする：양도하다

野球離れが進んでいる。日本国民の多くが応援している巨人(東京読売ジャイアンツ)から、王、長嶋に代わるスター選手がずっと生まれていないことが、大きな要因といえよう。しかし、イチローや野茂など米国メジャーリーグで活躍する選手が出てきたことは、新たな期待要因である。

　一方、阪神甲子園球場で毎年8月に行われる全国高校野球選手権大会は夏の風物詩として定着しており、時に荒木大輔、松坂大輔、斎藤佑樹、松井裕樹などの社会的関心を浴びるまでの高校球児[6]が出てくる事もある。

2　バレーボール

日本のバレーボールの普及に貢献したのは、紡績会社である。戦後、紡績工場の女子工員の長時間にわたる単調労働は、労働効率の低下を招いていた。それを防ぐべく、気分転換のためのレクリエーシ

女子バレーボール

ョンの一環としてバレーボールが採用され、相次いでチームが結成され

6. 高校球児 : 고등학교 야구부에 적을 두고 있는 학생

ていった。

　このように、当初は企業における福利厚生の一環としてのレベルにあったバレーボールを、世界的レベルにまで押し上げたのは、当時、日紡(現：ユニチカ)貝塚の監督であった大松博文氏であった。氏は全国から有望選手を発掘して貝塚工場に集め、監督と選手の双方の信頼関係の上に成り立つスパルタ式指導により、国内で158連勝という輝かしい記録を樹立。その功績が認められ、氏が率いる日紡中心のメンバーで東京オリンピックに参加。決勝でソ連を破って金メダルを獲得し、日本国民に感動を与えた。

　その後、男子もミュンヘンオリンピックで金メダルを獲得し、これを契機に人気は女子から男子へと移り、多くのスター選手を輩出し、彼らの一部は芸能界でも活躍している。

　そして、企業におけるバレーボールは、福利厚生の一環という位置づけから、広告宣伝の役割へと変わっていった。選手は、仕事をせずに練習のみに専念することとなり、大会では常に勝つことが義務づけられた。したがって、結果を残せない場合は、企業にとって不要と判断され、チームの解散や身売りを余儀なくされた[1]。特に、バブル崩壊以後は企業業績が悪化し、またバレーボールが最近のオリンピックで結果を残せないという状況から人気に陰りが出てきたこともあり、この傾向がさらに顕著となった。日立、ユニチカ、東洋紡などの名門チームが姿を消し、今バレーボール界は大きな試練のときを迎えている。

---

1. 余儀なくされる：어쩔 수 없이 하게 되다

3 サッカー

日本はよく欧米志向だといわれるが、戦後に限っていえば、アメリカ志向の傾向が強いといえよう。スポーツの世界もまた然りで、野球やバレーボールといったアメリカ発祥のスポーツに人気があっ

た。ところが、イギリス発祥のサッカーは、そのような環境にあっても人気を獲得した数少ないスポーツの一つである。その人気は、今や野球と二分するほどまでに成長した。しかも、野球ファンの年齢層が比較的高いのに対し、サッカーファンのそれは若年層が中心なので、将来的にも、より人気の高まる可能性がある。

日本には、1993年に設立されたプロリーグのJリーグがある。Jリーグのチームは、従来の日本のスポーツ界のように企業にのみ依存するのではなく、ドイツのような「地域に根差した2)総合スポーツクラブ」を目指している。具体的には、自治体の協力によるスタジアムやスポーツ施設の整備、地域の人々の応援、ボランティアによる試合のサポートなどによって運営されている。もちろん、企業のサポートがまったくないわけではなく、スタジアムやスポーツ施設の整備には地元企業も協力し、スタッフの派遣なども行っている。

---

2. 根差す：뿌리박다

いずれにせよ、企業依存体質の強い日本のスポーツ界に、サッカー界は大きな一石を投じた[1]といえよう。

4 駅伝・マラソン

駅伝は、数人で一チームをつくり、各々のチームが一人一区間ごとにリレーする長距離競走で、日本発祥のスポーツである。実業団、大学、高校、中学、都道府県ごとの対抗戦が、毎年晩秋から初春にかけて繰り広げられる。駅伝は国際的にも認知され始め、国際大会も多く催されるようになった。駅伝の中でも最も人気の高いのは、毎年お正月に行われる箱根駅伝で、関東の20の大学チームが2日かけて東京・箱根間を往復して優勝を競う。

箱根駅伝

青梅マラソン

マラソンは、オリンピックでメダルが期待できる数少ない競技の一つ

---

1. 一石を投じる : 파문을 일으키다

ということもあり、人気が高い。最近のオリンピック代表選手の選考²⁾は、特に人々の高い関心を集めている。シドニーオリンピックの女子マラソンで高橋尚子選手が、アテネオリンピックでは野口みずき選手が金メダルを取ったことは、記憶に新しいところである。

5 相撲

相撲は、土俵上で二人の者が組み合い、相手を倒すか、あるいは土俵外に出すことによって勝負を決める競技で、日本の国技とされる。日本書紀によれば、垂仁天皇の時に野見宿禰と当麻蹴速が争った

モンゴル出身力士　白鵬

のが始めとされる。奈良・平安時代には「相撲の節会³⁾」として宮中の行事となり、江戸時代には勧進相撲⁴⁾が盛んとなって、現代の大相撲に引き継がれてきた。

相撲の最大の特徴は、欧米の格闘技のような階級制を設けていないということである。体の小さい力士が大きい力士を豪快に投げ倒す様を見るのが、相撲の醍醐味⁵⁾である。

---

2. 選考：여럿 가운데에서 자세히 검사하고 생각하여 뽑음
3. 節会：옛날 조정에서 명절이나 公事가 있는 날의 연회
4. 勧進相撲：불상의 건립이나 수리를 목적으로 개최하는 相撲, 입장료를 받고 흥행하는 相撲

5. 醍醐味：묘미, 참맛

相撲は、かつてはメジャーなスポーツの一つであった。特に、横綱双葉山、大鵬などが活躍していた時代は、人気が高かった。しかし、近年の人気は低落傾向にある。

明るい材料としては、外国人力士が増えて活躍していることである。曙、武蔵丸といったハワイ出身の力士が、最高位の横綱への昇進を果たした。外国人横綱の誕生には、初めのうちは国民の間に抵抗感が強かったが、現在ではほぼ払拭されたといえよう。最近では朝青龍、白鵬、日馬富士ら横綱を輩出しているモンゴル勢が相撲界を席巻している。

6 柔道

柔道は、1882年(明治15)嘉納治五郎が講道館を創立し、柔術[1]を改良して創始した格闘スポーツで、心身を鍛練し、その力を最も有効に使用する道を体得させようとするものである。投げ技[2]・固め技[3]・当て身技[4]の三部門からなり、さらに投げ技は立ち技[5]と捨て身技[6]、固め技は抑え込み技[7]と絞め技[8]と関節技[9]にそれぞれ分かれる。当

女子柔道

---

1. 柔術 : 맨손으로 상대방을 넘어뜨리거나 메어쳐 공격하거나 자신을 방어하는 무술의 한 가지
2. 投げ技 : 메치기 기술
3. 固め技 : 눌러 굳히는 기술
4. 当て身技 : 발끝 등으로 상대의 급소를 가격하는 기술
5. 立ち技 : 선 채로 상대를 공격하는 기술
6. 捨て身技 : 자신의 몸을 넘어뜨리면서 상대방을 메치는 기술

て身技は危険なため試合では禁止されている。

　現在、柔道は国際的にも普及し、オリンピックの正式種目にも採用されている。しかし、国際化の過程で階級制が導入されたため、「小が大を制す」という日本スポーツの伝統的な醍醐味を味わうことができなくなってしまった。同じ条件の下で戦うのがフェアと考えるのが欧米のスタイルであるが、そもそも人間に同じ条件を兼ね備えた者など存在し得ない。もし仮にそのような人間が存在したとしたら、永遠に勝負が付かないということになってしまう。条件の異なる人間同士のぶつかり合いが、スポーツの醍醐味なのである。その点を欧米世界に十分に説くこともなく国際化を急いでしまったことは、大いに悔やまれるところである。

---

7. **抑え込み技**：위를 보고 넘어진 상대를 전신을 이용해 꼼짝 못하게 하는 기술

8. **絞め技**：상대의 목을 조르는 기술

9. **関節技**：상대의 관절에 통증을 주는 기법. 팔꿈치 관절 이외는 금지

15 日本の科学技術の現状

1 日本の科学技術の水準

　日本の現在の科学技術の水準を測る物差し[1]として、主要科学論文誌に発表された論文数のシェア、ノーベル賞受賞者の数などの国際比較が考えられる。そこで、それらを表1から表3に示した。また、表4・5では日本の技術貿易の側面から検証した。

● 論文数シェア

　世界の主要な論文誌に発表された論文のうち、日本の研究機関が発表した論文数は、1988年から2008年までの20年間で40,990件から69,300件へと増加し、約1.7倍となった。また発表された論文数を国別

---

1. 物差し : 물건의 길이를 재는 도구, 척도

に見ると、日本は1998年では世界第2位、2008年において世界第5位である(表1)

(表1)　主要国等における論文数シェアの推移

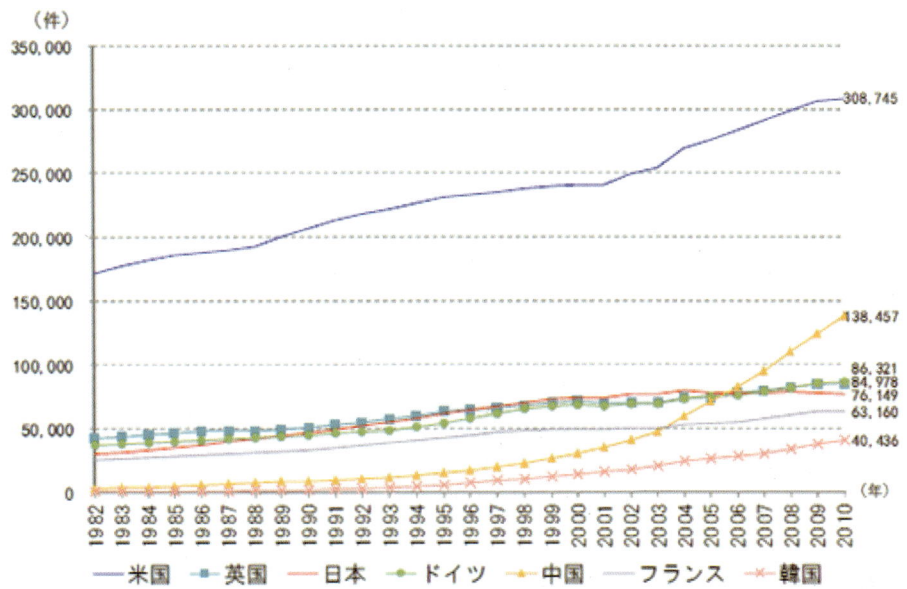

資料：科学技術政策研究所「科学研究のベンチマーキング2012」(平成25年3月)

(表２)　国・地域別論文数及びシェア

(論文数)

国名	論文数		シェア		順位	
米国	308,745	(240,912)	26.8	(31.0)	1	(1)
中国	138,457	(30,125)	12.0	(3.9)	2	(8)
ドイツ	86,321	(67,484)	7.5	(8.7)	3	(4)
英国	84,978	(70,411)	7.4	(9.1)	4	(3)
日本	76,149	(73,844)	6.6	(9.5)	5	(2)
フランス	63,160	(49,395)	5.5	(6.4)	6	(5)
イタリア	52,100	(32,738)	4.5	(4.2)	7	(6)
カナダ	50,798	(32,101)	4.4	(4.1)	8	(7)
スペイン	43,773	(23,149)	3.8	(3.0)	9	(10)
インド	43,144	(17,863)	3.7	(2.3)	10	(13)

(トップ10%補正論文数)

国名	論文数		シェア		順位	
米国	46,972	(37,168)	41.0	(48.9)	1	(1)
英国	13,540	(8,644)	11.8	(11.4)	2	(2)
ドイツ	12,942	(7,685)	11.3	(10.1)	3	(3)
中国	11,873	(1,911)	10.4	(2.5)	4	(13)
フランス	8,673	(5,380)	7.6	(7.1)	5	(5)
カナダ	7,060	(4,099)	6.2	(5.4)	6	(6)
日本	6,691	(5,764)	5.8	(7.6)	7	(4)
イタリア	6,524	(3,336)	5.7	(4.4)	8	(7)
スペイン	5,444	(2,098)	4.7	(2.8)	9	(11)
オーストラリア	5,178	(2,413)	4.5	(3.2)	10	(9)

(トップ１%補正論文数)

国名	論文数		シェア		順位	
米国	5,705	(4,464)	49.7	(58.7)	1	(1)
英国	1,715	(956)	15.0	(12.6)	2	(2)
ドイツ	1,532	(768)	13.4	(10.1)	3	(3)
中国	1,148	(145)	10.0	(1.9)	4	(13)
フランス	1,021	(512)	8.9	(6.7)	5	(4)
カナダ	884	(429)	7.7	(5.6)	6	(6)
イタリア	767	(305)	6.7	(4.0)	7	(7)
日本	671	(484)	5.8	(6.4)	8	(5)
オランダ	668	(302)	5.8	(4.0)	9	(8)
オーストラリア	628	(239)	5.5	(3.1)	10	(10)

資料：科学技術政策研究所「科学研究のベンチマーキング2012」(平成25年2月)

量的な指標である論文数について、特に1999年から2001年の平均と2009年から2011年の平均を比較した場合(表2)、日本は、わずかに増加しているものの、中国をはじめとした各国の論文数が<ruby>桁違<rt>けたちが</rt></ruby>い¹⁾の<ruby>勢<rt>いきお</rt></ruby>いで増加していることがわかる。この結果、日本の世界シェアは低下し、相対的な世界順位を大きく下げている。また、質的な指標である<ruby>被引用<rt>ひいんよう</rt></ruby><ruby>数<rt>すう</rt></ruby>についても、被引用数が上位10％に入る注目度の高い論文の数(トップ10％<ruby>補正<rt>ほせい</rt></ruby>論文数)や、被引用数が上位１％に入る注目度の非常に高い論文の数(トップ１％補正論文数)においても、世界シェアが低下傾向を示している。

このように、研究論文の量、質の<ruby>該当<rt>がいとう</rt></ruby>数について、着実に増加させているものの、他国の伸びはこれを大幅に上回ることからシェアや順位を落としており、世界の研究活動における存在感の低下が<ruby>示唆<rt>しさ</rt></ruby>される。

● ノーベル賞受賞者数

日本の科学技術の世界における水準を測る指標の一つとして、ノーベル賞のうち、自然科学分野の受賞者数の国際比較が考えられる。そこで、表3にそれを示した。

---

1. 桁違い：단위가 다름

（表３）　ノーベル賞(自然科学分野)の国別ランキング(2012年まで)

	1901年以降の総計				戦前	戦後 計	戦後 今世紀
	3賞計	物理学賞	化学賞	医学・生理学賞	1901～1945年	1946年以降	2001年以降
米国	242	86	62	94	18	224	47
英国	77	21	26	30	26	51	9
ドイツ	68	24	28	16	36	32	5
フランス	31	13	8	10	15	16	6
スウェーデン	16	4	4	8	6	10	0
スイス	15	3	6	6	5	10	1
日本	15	6	7	2	0	15	9
オランダ	14	9	3	2	8	6	1
旧ソ連	14	11	1	2	2	12	3
デンマーク	9	3	1	5	5	4	0
カナダ	9	3	4	2	2	7	1
オーストリア	8	3	1	4	7	1	0
イタリア	7	3	1	3	3	4	0
オーストラリア	6	0	0	6	1	5	2
ベルギー	5	0	1	4	2	3	0
その他	22	5	10	7	5	17	5
計	558	194	163	201	141	417	89

（注）（資料）図と同じ。並びは3賞計の順。

　21世紀以降では、自然科学系の日本人受賞者が9名となっており、米国の47人に次ぐ受賞者を輩出しており、英国と並び世界2位である。(2012年まで)

前項で示した論文数シェアという点から考えると、近年日本の科学技術力は世界の中でその存在感は低下していると言わざるを得ないが、その一方、多くのノーベル賞受賞者を輩出しており、その卓越[1]した成果が世間の耳目を集めることが多い。米サイエンス誌は、毎年その年の卓越した研究成果を「科学10大成果」として発表しており、2012年度における日本の研究者に関連した研究成果として、マウスのiPS細胞による卵子の作製や、日本の研究者が参画[2]した国際共同研究であるヒッグス粒子の発見をあげている。小惑星探査機「はやぶさ」に関連した研究成果も選定されており、ほぼ毎年のように日本人が関わる研究成果が選ばれている。日本のすぐれた研究成果については世界でも高く評価されている。

　ところが、日本国内では科学業績を正当に評価するという体制が、まだあまり整っていない。日本でほとんどノーマークであった者が、ノーベル賞を受賞するといったケースがある。日本での評価と国際的な評価のミスマッチは、よく指摘されるところである。もちろん、日本独自の評価もあってもよいわけであるが、それが世界のオピニオンリーダーになれるのかというと、まだまだその前途は厳しいといわざるを得ないのである。

---

1. **卓越**：탁월
2. **参画**：계획에 참여함

187

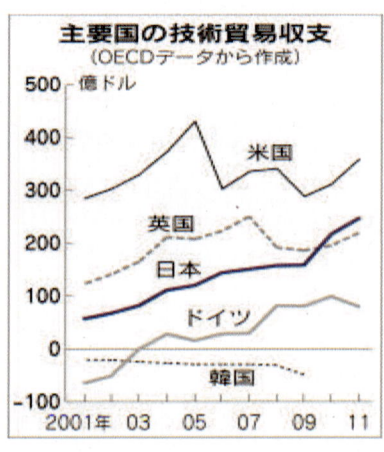

2 日本の技術貿易

　日本の技術力が高いことは、知的財産権の使用料などの国際取引である「技術貿易収支」からも見て取れる。

（表４）　主要国の技術貿易収支と 国別国際技術交流(技術貿易)の構成比(平成23年度)

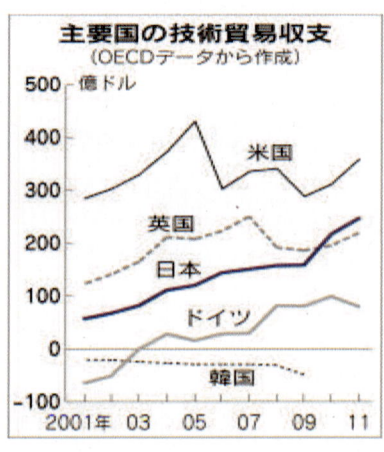

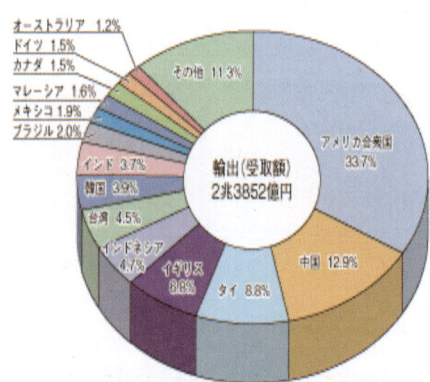

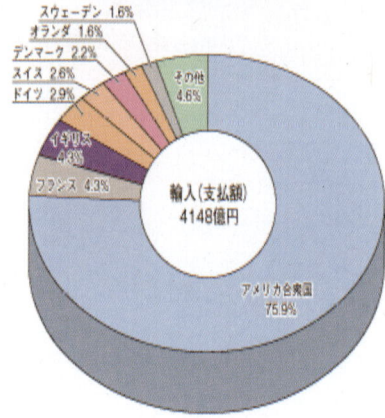

経済協力開発機構(OECD)によると、日本の2011年の技術貿易収支は246億9千万ドル（約2兆3200億円）の黒字。350億ドル超の黒字だった米国との差は大きいが、黒字額は10年前の約4倍に膨らんだ。総務省の「科学技術研究調査」によれば、11年度の日本の技術輸出額は2兆3852億円。最大の相手国は米国だが、アジアとの取引も活発だ。

（表5）　主要業種の技術貿易の区(地域)別収支

自動車工業　　　　　　　　　　（単位：億円）

輸出入額 相手国(地区)	技術輸出	技術輸入	輸出 - 輸入
米国	5,798	70	5,728
タイ	931	0	931
英国	558	11	547
中国	393	0	393
インドネシア	371	該当無し	該当無し
インド	232	0	232
オーストラリア	217	0	217
台湾	178	該当無し	該当無し
韓国	58	2	56
その他	2,549	45	2,504
合計	11,286	129	11,157

医薬工業　　　　　　　　　　（単位：億円）

輸出入額 相手国(地区)	技術輸出	技術輸入	輸出 - 輸入
米国	1,204	171	1,033
英国	384	103	281
ドイツ	88	73	15
フランス	73	11	62
スイス	28	65	−37
イタリア	31	1	31
韓国	14	5	9
フィンランド	11	1	10
その他	100	15	85
合計	1,934	445	1,489

情報通信機械器具工業　　　　　　　　　　（単位：億円）

輸出入額 相手国(地区)	技術輸出	技術輸入	輸出 - 輸入
米国	532	2,110	−1,578
中国	518	15	503
台湾	209	12	198
シンガポール	143	3	140
マレーシア	114	0	114
オランダ	103	81	23
ドイツ	83	48	35
フランス	64	53	11
韓国	41	2	39
英国	19	128	−109
スウェーデン	0	121	−121
その他	273	45	228
合計	2,098	2,616	−518

資料：総務省統計局「科学技術研究調査報告」

国(地域)別・主要な業種別の収支で見ると、情報通信機械器具工業は、主にアジアに対して出超[1]傾向が強く、全体では入超となっている。医薬品工業は、欧米との貿易割合が圧倒的で、全体では出超となっている。自動車工業は、すべての国に対して出超となっており、技術輸入は少なく、輸出額が極めて大きい。この分野の技術力の高さを物語っているといえよう。

3　ノーベル賞とフィールズ賞

● 戦前のノーベル賞候補者たち

　表３に見るように、日本で戦前にノーベル賞を受賞した者はいなかった。だからといって、戦前の日本の科学技術のレベルが低かったというわけではない。戦前においても、日本人のノーベル賞候補者は数多くいた。

　まず、1901年の第１回ノーベル賞生理学・医学賞の候補者として、北里柴三郎の名が挙がっていた。しかし、実際に賞を受賞したのはドイツのベーリング[2]であった。その受賞理由は「ジフテリアの血清療法の研究」であったが、その研究は北里との共同研究によるものであった。しかも、血清療法を最初に確立したのは、ベーリングではなく北里であり、現在の選考基準であったなら、間違いなくベーリングと北里の共同

1. 出超：수출 초과
2. ベーリング：Emil Adolf von Behring. 독일의 세균학자. 면역학의 창시자로 일컬어짐. 혈청요법을 디프테리아 치료에 응용한 업적으로 제1회 노벨 생리학·의학상 수상. 北里가 공동 수상을 하지 못한 이유로, 본문의 내용 이외에 연구 데이터를 베링 자신의 이름으로 발표한 점. 혈청요법의 아이디어를 베링이 냈다는 점. 노벨상 시상이 제1회여서, 공동수상의 개념이 희박했다는 점 등이 있다.

受賞となっていた。当時のカ
ロリンスカ研究所やノーベル
財団には、欧米世界の外の日
本人研究者を選ぶ考えなど最
初からなかったのであろう。

北里柴三郎

野口英世

　野口英世（のぐちひでよ）は1913年36歳の
時、麻痺性痴呆患者（まひせいちほうかんじゃ）の脳の中
から梅毒（ばいどく）スピロヘータ[3]を発見
して、細菌研究者（さいきんけんきゅうしゃ）として一躍（いちやく）
世界のトップに躍り出（おどで）た。以
後、1927年まで計9回にわた
って、21人の研究者からノー
ベル賞受賞候補者として推薦（すいせん）
を受けていた。しかも、そのうち17人が外国人の研究者で、日本人は
たったの4人であった。これは、高等小学校卒の学歴しかない野口を正
当に評価する土壌（どじょう）が、当時の日本にはなかったためである。野口が受賞
する可能性が最も高かった年は1915年であろう。しかし、この年、第
一次世界大戦のためノーベル賞の授与（じゅよ）が見送られてしまったことは、ま
ことに残念であった。

　山極勝三郎（やまぎわかつさぶろう）は、ウサギの耳にコールタールを塗（ぬ）って人工的に癌（がん）を発生
させることに成功した。一方、デンマークのフィビゲルは、線虫（せんちゅう）によ
ってネズミの胃に人工的に胃癌（いがん）を発生させる実験に成功した。両者は

---

3. スピロヘータ：spirochaeta. 스피로헤타과에 속한 세
균을 통틀어 이르는 말. 대체로 가늘고 길며 나선형으로
말려 있고, 활발한 회전 운동을 한다. 일부는 사람에게 매
독, 딸기종, 재귀열(再歸熱)을 일으키는 병원체

1926年のノーベル賞の選考において、最後まで候補として残ったが、結果的にはフィビゲルが受賞した。しかし、その後フィビゲルの人工発癌は誤りであることが明白となった。これは、現在では、ノーベル賞の三大誤謬[1]の一つとされているが、当時、その誤りが明白になると、日本の医学界は大いに落胆し、「日本人だから差別された」と言う者も現れた。後日談として当時の選考委員の一人フォルケ・ヘンシェンは「山極にノーベル賞を与えるべきだった」と選考の過ちを認めたという。

　鈴木梅太郎はビタミンの発見者として知られている。しかし、この業績で1929年にノーベル生理学・医学賞を受けたのは、オランダのエイクマンとイギリスのホプキンズであった。これには、東大医学部が鈴木の研究に対し非協力的だったことも一因であった。鈴木は東大農学部出身で、1927年に東大農学部部長の町田咲吉によって推薦された。しかし、同年、東大医学部部長の林春雄はホプキンズを推薦していたのである。おそらく、当時の東大医学部は、ノーベル賞で農学部に先を越されるのを恐れたのであろう。

　その他にも数人の候補者がいたことが確認されているが、いずれも受賞にまでは行き着かなかった。日本人で最初のノーベル賞受賞者は、戦後の1949年に物理学賞を受賞した湯川秀樹まで待たなければならなかった。

● 戦後のノーベル賞受賞者

　戦後日本人のノーベル賞受賞者は2012年に山中伸弥・京都大学教授

---

1. 誤謬：오류

(表6) ノーベル賞(自然科学分野)を受賞した日本人

年	部門	氏名	受賞理由
1952	物理学賞	湯川秀樹	陽子と中性子との間に作用する核力を媒介するものとして中間子の存在を予言
1965	物理学賞	朝永振一郎	「超多時間理論」と「くりこみ理論」、量子電磁力学分野での基礎的研究
1973	物理学賞	江崎玲於奈	半導体・超電導体トンネル効果についての研究、エサキダイオードの開発
1981	化学賞	福井謙一	「フロンティア電子軌道理論」を開拓し、化学反応過程の理論的研究
1987	医学・生理学賞	利根川進	多様な抗体を生成する遺伝的原理を解明し遺伝学・免疫学に貢献
2000	化学賞	白川英樹	「伝導性高分子の発見と開発」を行い、分子エレクトロニクスを開発
2001	化学賞	野依良治	「キラル触媒による不斉水素化反応の研究」、有機化合物の合成法発展に寄与
2002	物理学賞	小柴昌俊	天体物理学、特に宇宙ニュートリノの検出へのパイオニア的貢献
2002	化学賞	田中耕一	生体高分子の質量分析法のための穏和な脱着イオン化法の開発
2008	物理学賞	南部陽一郎	素粒子物理学と核物理学における自発的対称性の破れの発見
2008	物理学賞	益川敏英	クォークの世代数を予言する対称性の破れの起源の発見
2008	物理学賞	小林誠	クォークの世代数を予言する対称性の破れの起源の発見
2008	化学賞	下村脩	緑色蛍光たんぱく質（ＧＦＰ）の発見と発光機構の解明
2010	化学賞	鈴木章	有機合成におけるパラジウム触媒クロスカップリングの開発
2010	化学賞	根岸英一	有機合成におけるパラジウム触媒クロスカップリングの開発
2012	医学・生理学賞	山中伸弥	様々な細胞に成長できる能力を持つiPS細胞の作製

が医学生理学賞を受賞して19人となった。現在のところ、自然科学分野で16人がノーベル賞を受賞している。その一覧と研究業績を示したのが表6である。この中には、利根川進、野依良治、小柴昌俊のように、長年の間受賞が本命視[1]されていた者もいれば、福井謙一、白川英樹、田中耕一のように、ほとんどノーマークだった者もいる。田中耕一は、学士号しか持たず、アメリカの大学への留学経験もなく、企業研究員、すなわち普通のサラリーマンにもかかわらず、ノーベル賞を受賞したことが大きく話題となった。

　国内の受賞者ゆかりの地[2]を調べると、意外な事実に突き当たる。名古屋市から岐阜県高山市を通り、富山市を結ぶ全長約250キロの国道41号沿いに偏在しているのだ。中でも高山から富山の区間は「ノーベル街道」と呼ばれる。かつては富山産のブリが運ばれ、「ブリ街道」と呼ばれた。出世魚にちなんで「出世街道」の名もある。

　名古屋市では名古屋大学で野依良治(化学賞)、小林誠(物理学賞)、益川敏英(物理学賞)、下村脩(化学賞)の各氏を輩出した。高山市では白川英樹氏(化学賞)が小学校から高校まで過ごした。岐阜県飛騨市には小柴昌俊氏(物理学賞)がニュートリノを検出した実験施設「カミオカンデ(現在はカムランド)」がある。富山市では利根川進氏(医学生理学賞)と田中耕一氏(化学賞)が幼少期を過ごした。自然科学分野に限ると16人中8人を輩出していることになる。

　南部陽一郎氏は1970年にアメリカ合衆国に帰化しており現在は日本国籍を喪失しているが、受賞対象の研究業績は1970年以前のものであ

---

1. **本命視** : 유력하다고 인정됨, 유력시
2. **ゆかりの地** : 연고지, 인연이 있는 지역

ることから、日本の文部科学省は統計上はアメリカ人に算入しつつも、
日本人受賞者としてその業績を紹介している。

田中耕一氏

2002年ノーベル化学賞受賞

1959年、富山市で生まれ。
高校までの10年間を富山市で
過ごす。

利根川進氏

1987年ノーベル医学・生理学賞受賞

1939年、名古屋市で生まれ。
小学1年から中学1年までの間、
富山県大沢野町で過ごす。

小柴昌俊氏

2002年ノーベル物理学賞受賞

1926年、愛知県豊橋市で生まれ。
岐阜県神岡町で1983年から実
験開始。
カミオカンデと呼ばれる巨大な
装置からニュートリノを検出。

白川英樹氏

2000年ノーベル化学賞受賞

1936年、東京都生まれ。
小学3年から高校3年までの
間、岐阜県高山市で過ごす。

富山湾

石川県

富山県

東岩瀬町

富山

大沢野

神岡

古川町

高山

長野県

(表7)　日本人ノーベル賞受賞者と特許(特許庁調べ)

受賞年	氏名	部門	研究テーマ	特許出願
1949年	湯川英樹	物理学	中間子理論の提唱	0件
1965年	朝長振一郎	物理学	量子電磁力学の基礎研究	0件
1973年	江崎玲於奈	物理学	半導体のトンネル効果	29件
1981年	福井謙一	化学	フロンティア電子理論	191件
1987年	利根川進	生理学・医学	遺伝子レベルの免疫反応	4件
2000年	白川英樹	化学	導電性高分子の発見	35件
2001年	野依良治	化学	多彩な不斉合成反応	171件
2002年	小柴昌俊	物理学	宇宙ニュートリノの検出	0件
2002年	田中耕一	化学	生体高分子の解析手法	21件
2008年	小林誠	物理学	6種クォーク存在の予測	0件
2008年	益川敏英	物理学	6種クォーク存在の予測	0件
2008年	下村脩	化学	緑色蛍光タンパク質発見	0件
2010年	鈴木章	化学	クロスカップリング開発	0件
2010年	根岸 英一	化学	クロスカップリング開発	0件

注：特許出願件数は2007年の特許庁調査結果をベースに、「NRIサイバーパテントデスク2」
　　を使用し直近の件数に修正し、2008年・2010年の受賞者の件数を追加(全員0件)。

　　表6、表7を見ると、日本のノーベル賞受賞者は、当初は基礎科学研
究に従事していた者が多かったことがわかる。これは、戦後間もない日

196

本は物資が不足していた時代で、大掛かりな実験を必要とする研究などできなかったので、紙と鉛筆さえあれば計算できる基礎科学が、日本で発達したからである。ノーベル賞の受賞対象も、基礎科学研究である原理原則の発見、真理の発見を受賞対象としていたので、戦後の日本の研究事情はそれとマッチしていた。湯川秀樹、朝永振一郎の受賞はまさに[1]その結果であった。

しかし、戦後の経済成長の過程で、研究者の研究成果を活用し、その産業界への移転を通じて、日本経済の発展に貢献することが求められていった。そのため、基礎研究よりも応用研究が重要視された。したがって、日本のノーベル賞受賞者数は、経済成長に比例して伸びるというわけにはいかなかった。「日本のノーベル賞受賞者数が国力に比して少ない」と長年言われ続けてきたのも、そのためであった。

だが、近年のノーベル賞の受賞対象は、応用研究にまで広がってきた感がある。そのため、日本の研究者にも受賞チャンスが大きく広がってきたといえよう。特に、2000年に湯川秀樹、2001年に野依良治、2002年に田中耕一と、日本人が3年連続してノーベル化学賞を受賞した。表7を見ると、彼らの特許出願件数はかなりの

利根川進

田中耕一

山中伸弥

数に上っているが、そのことからも、ノーベル賞の対象が応用研究にまで及んでいることが読み取れる。

　一方、かつての研究といえば、一人の研究者が研究室にこもってコツコツ[1]と研究をするというイメージであったが、近年は研究も大掛かりなものとなり、多くのヒト、カネを必要とするようになった。そこにおいては、チームワークが大切な要素となり、また国や会社から予算をいかに多く獲得（かくとく）するかということも、重要となってきた。つまり、ただ研究をしていればよいというのではなく、マネジメント能力も必要となってきた。田中耕一は企業人の一員として、まさにチームワークによってノーベル賞を獲得したといってよい。また、小柴昌俊は、マネジメント能力に優れており、多くの同僚研究者や学生を統率（とうそつ）する能力に長けていた。それが、彼をノーベル賞の受賞へと導（みちび）いたといえよう。

　日本政府は、2001年度から始まった第二期科学技術基本計画で、今後50年間で少なくとも30人のノーベル賞受賞者を輩出するという目標を掲げた。ノーベル賞の受賞業績が応用科学に近づいていること、また、近年の研究が大掛かりなものとなり、日本人の得意とする協調性が必要とされるようになってきたことから、この目標のクリアも夢ではないかもしれない。

🟠 フィールズ賞

　ノーベル賞には数学賞がない。そこで、カナダの数学者 J . C . フィールズ（Fields）が提案（ていあん）して、1936年に生まれた賞がフィールズ賞であ

---

1. コツコツ : 꾸준히, 또박또박

る。ただし、賞の授与は4年に1回、それも40歳未満という年齢制限がある。4年に一度開かれる「国際数学者会議(International Congress of Mathematicians, 通称ICM)」で授与される。

またノーベル賞が、近年は長年その分野に貢献してきた人に与えられる色彩が強くなりつつあるのに対して、フィールズ賞は、その年までに偉大な発見をして、今後も長年数学の研究に貢献する見込みのある研究者にしか与えられないことになっており、その受賞はノーベル賞以上に難しいともいわれている。

なお、日本人の過去の受賞者は、表8の通りである。

(表8) フィールズ賞受賞者

1954年	小平邦彦　氏	調和積分の研究
1970年	広中平祐　氏	複素多様体の特異点に関する研究
1990年	森重文　氏	代数多様体の極小モデルに関する研究

4 科学への関心

表9、表10を見ると、日本人の多くが科学技術に対して関心が低いことが伺える。これは、将来の科学技術の発展を考えると、憂慮[2]すべ

---

2. 憂慮：우려

き事態である。資源・エネルギーに乏しい日本では、科学・技術が国の運命を決めると言っても過言ではない。科学技術への関心のなさは国の未来を左右する大きな問題である。

(表9) 科学技術基礎概念の理解度（共通11問の平均正答率）

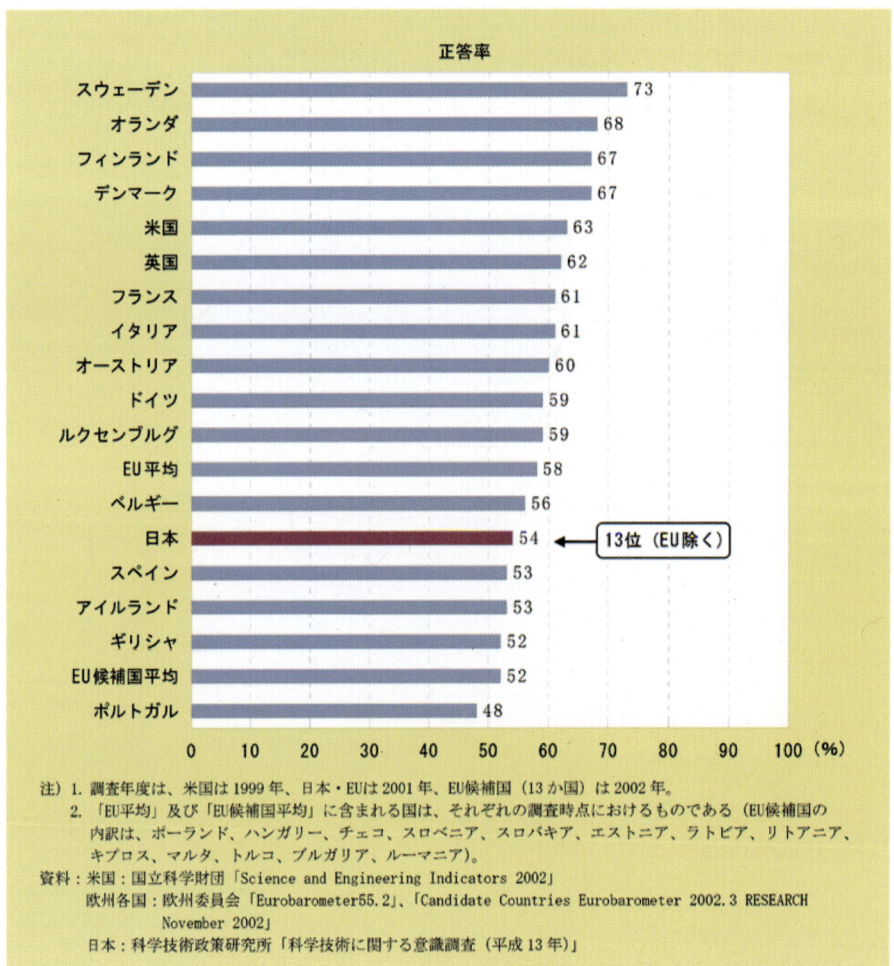

注）1. 調査年度は、米国は1999年、日本・EUは2001年、EU候補国（13か国）は2002年。
　　2.「EU平均」及び「EU候補国平均」に含まれる国は、それぞれの調査時点におけるものである（EU候補の内訳は、ポーランド、ハンガリー、チェコ、スロベニア、スロバキア、エストニア、ラトビア、リトアニア、キプロス、マルタ、トルコ、ブルガリア、ルーマニア）。
資料）米国：国立科学財団「Science and Engineering Indicators 2002」
　　　欧州各国：欧州委員会「Eurobarometer55.2」、「Candidate Countries Eurobarometer 2002.3 RESEARCH November 2002」
　　　日本：科学技術政策研究所「科学技術に関する意識調査（平成13年）」

(表10) 科学者や技術者の話への関心

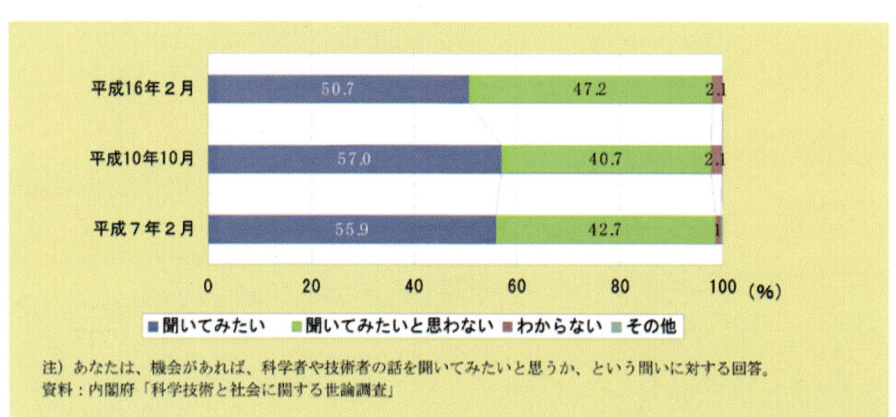

注）あなたは、機会があれば、科学者や技術者の話を聞いてみたいと思うか、という問いに対する回答。
資料：内閣府「科学技術と社会に関する世論調査」

　日本人の多くが科学技術に対して関心が低いことの原因としては、3つの点が考えられる。

　まず、アメリカはともかくとして[1]、日本は他の欧米先進国に比べると、職業を決める選択肢が多岐にわたっていて、科学に関係する職業にこだわらなくても、収入を見込め[2]、かつ夢のある職業が多く存在することがある。

　次に、他の欧米先進国とは異なり、日本は非ヨーロッパ系の言語を話す国民であるので、言語上のハンディが大きい。そこで、国民の関心はまず英語教育の充実に向けられ、理科系教育に関心があまりいかないことにある。

　第3に、高校までの理科教育課程の中で、落ちこぼれて[3]いる生徒がかなり生じていることが挙げられる。

---

1. ～はともかくとして：～은 차치하고
2. 見込む：미리 고려에 넣다, 예상하다
3. 落ちこぼれる：뒤처지다, 낙오되다

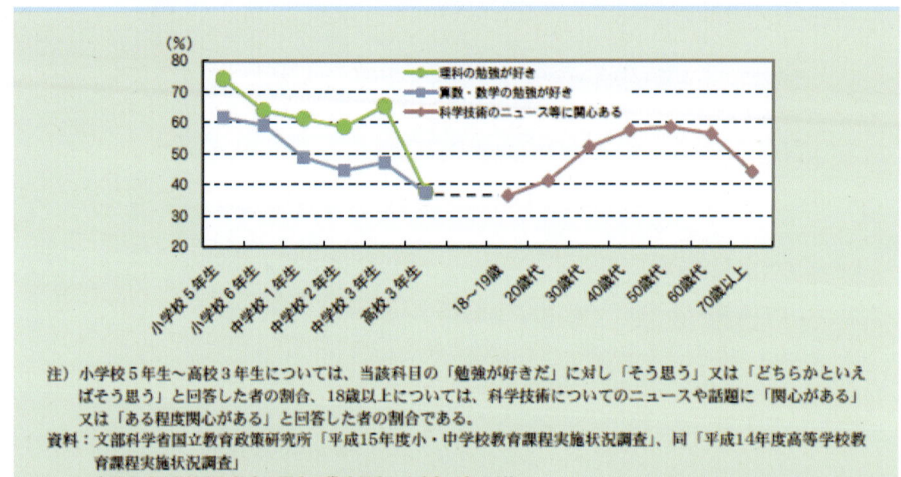

注）小学校5年生～高校3年生については、当該科目の「勉強が好きだ」に対し「そう思う」又は「どちらかといえ
　　ばそう思う」と回答した者の割合、18歳以上については、科学技術についてのニュースや話題に「関心がある」
　　又は「ある程度関心がある」と回答した者の割合である。
資料：文部科学省国立教育政策研究所「平成15年度小・中学校教育課程実施状況調査」、同「平成14年度高等学校教
　　育課程実施状況調査」
　　内閣府「科学技術と社会に関する世論調査」（平成16年2月）

　学校教育の中で科学嫌いになった子どもが科学に関心の低い大人の中
で育ち、さらに関心を低下させ、その子どもが大人になり、また同じよ
うに子どもに影響を与え、関心の低い子どもを再生産するという構造が
あると思われる。

　科学技術に関心のない大人と子どもを減らし、科学技術リテラシー[1]
を高め、科学技術と社会の間の双方向コミュニケーションを活性化して
いく取り組みが必要であるとして、国も力を入れて取り組んでいる。

　一方、21世紀の科学は、日本人の国民性にマッチした方向に進みつ
つある。例えば、ニュートンの万有引力の法則に代表される近代物理学
の公式は、マクロの部分では当てはまるのだが、ミクロの部分では十分
に説明しきれないことが判明してきた。ミクロの部分では、多くの要素

---

1. リテラシー：literacy. 어떤 분야에 관한 지식이나 능력

が相互に干渉しあって複雑に振舞っており、その複雑なものをあるがままに受け入れようという「複雑系」という学問分野が登場してきた。つまり、自然科学の対象はすべてが公式化できるわけではない。したがって、物事の白黒をすべてはっきりつけようとするのではなく、曖昧なものをそのまま受け入れることに慣れた日本人にとって、現在の科学の流れは追い風になっているといえ、今後に大いに期待が持てるところである。

外国人留学生が見た日本

　ここでは、国士舘大学21世紀アジア学部の外国人留学生8人が見た日本に関するレポートを掲載した。

1 日本人と中国人

芦思陽（中国）

　日本と言えば何を思い出すだろうか。富士山のふもと[1]で咲き乱れる桜、それとも究めつくされた[2]日本料理、あるいは戦争時代の事実を写した残忍な歴史写真だろうか。先進的な電気製品やアニメ産業、生真面目な国民性、高品質な自動車を作るトヨタ、船長の拿捕事件、釣魚島[3](尖閣諸島)の問題を思い浮かべる人もいるだろう。

　日本と言えば……。1993年生まれの私は、4年前に日本の土を踏んでから、留学生という身分で日本を身近で観察しつつ、故郷を遠くから眺めてきた。毎日、文化や価値観の違いを肌で感じてきた。そして今、相互理解と交流不足が中日間に横たわっていることを、切実に感じている。

　私が感じる日本人と中国人の最大の違いは、「自己」と「他者」の重視の仕方の差である。アンケートで中国人のことを「自分のやりたい放

---

1. ふもと：산기슭
2. 究めつくす：끝까지 추구하다
3. 釣魚島：일본에서는 '魚釣島(うおつりじま)'라고 부름

題。遠慮がない」とする原因もそこにある。周りの反応や場の空気、他人がどう思うか、他人の目に映る自分などに対して、日本人は非常に気をつかう。このような習慣においては、自分のやりたい放題は許されない。目に見えない社会規範により、出る杭は打たれる[4)]のだ。

これを良く考えれば、いつでも他人の目を気にすることで、相手の立場で行動し、考えることができる。思いやりと優しさで正面衝突は避けられる。とても行き届いた[5)]文化だと言える。日本人が誇る日本文化のひとつと言えるだろう。一方、悪く考えれば、没個性的な習慣ともいえる。自分の意見を押し殺し[6)]、あいまいな表現が誤解をまねく。コミュニケーション効率の低い文化だとも言える。

総じて中国では、日本と反対の方向に向かっている。誰もがはっきりと個性を主張することを「良し」と考えるようになっている。言うことにもやることにも、明快さが求められるのだ。特に一人っ子世代である「80後」世代は、人口が多く、教育資源が不均衡だった環境で育っており、子供のころから試験や就職などで残酷な競争にさらされて[7)]きた。集団の中から頭角を現さなければならない。そのためには突出した人間になるしかない。さもなければ淘汰されるのだ。自己主張をし、自分を目立たせることは、生活上やむを得ないことなのだ。中国と日本、両国の事情の違いが、異なる性格を作り出したのかもしれない。

次に、「追及」について話をしたいと思う。私が日本に来て強く感じたことに、日本の同世代に上昇志向がないということがある。「家に籠る」ことに満足しているのだ。留学生として、私は他の大学生と同様に

---

4. 出る杭は打たれる : 모난 돌이 정 맞는다, 뛰어난 사람은 흔히 미움을 산다
5. 行き届く : 구석구석까지 미치다, 주도 면밀하다, 모든 면에 빈틈이 없다
6. 押し殺す : 눌러 죽이다, 억제하다, 누르다
7. さらされる : 노출되다, 직면하다

毎日多くの日本人と接触している。中国人の感覚からみれば、「大学時代は人生で最も美しい時代であり、雄大な理想を掲げ、高い目標を持ち、視野を大きく広げ、知識を吸収し、努力、奮闘しなければならない」と考えるのが普通だ。

　しかし、私の周りにいる日本人クラスメートの中で、そう考える人は少ない。彼らは親の世代が作った生活に満足し、現状に安住している。オタクっぽく内に閉じこもるばかりで、将来に向かって努力しようとは考えない。以前、日本人の英語レベルが高くないと聞いた。日本に来て、確かにお世辞[1]にもレベルが高いとは言えないことが分かった。不思議に思った。彼らはどうして「英語下手」の汚名を晴らそうとしないのか。親しい日本人のクラスメートとこの問題について議論したとき、彼らの答えに私はびっくりした。「いずれにせよ、私たちは海外で働きたくないし、日本にいれば英語で仕事する必要はないだろう。英語ができなくたって、映画には字幕やアフレコ[2]があるから大丈夫」と言うのだ。確かに、日本の学生で英語の試験の成績が良い人も少なくない。しかし、それは「優」を取るためだけの役立たず英語でしかない。日本の若者は、安定した穏やかな生活を望んでいる。目立ちたくないし、雄大な目標も抱負もないのだ。

　そこには、国民性という要因以外にも大きな原因があると考える。日本はすでに多くの面で発展し、他国に比べて完璧な先進国である。社会保障体系も健全で、貧富の差も少ない。若者は大志を抱かなくとも、普通の庶民になるだけで生活レベルが保証されるのだ。確かに大富豪には

---

1. **お世辞**：아첨, 입발림
2. **アフレコ**：after recording, 영화나 텔레비전에서, 화면을 먼저 촬영하고 나중에 소리나 음을 녹음하는 것. 본문에서는 외화에 대해 성우가 자국어를 입히는 것을 의미함

なりたい。しかしそのための
努力やリスクは非常に大きな
ものであり、多くの人はそこ
までしたいとは思わない。安
定した静かな日々を送ったほ
うが良いと考えているのだ。
しかし中国では違う。確かに

最近の経済成長には目を見張るものがある。しかし所詮[3]発展途上国で
あり、若者が社会で成功するか失敗するかで、雲泥の差[4]がある。努力
するか、しないかの問題でなく、努力しないと蹴落とされる[5]のだ。

TOEFLの国別平均得点順位と受験者数
※ETSの資料より作成（05年7月〜06年6月／CBT）

順位	国名（受験者数）	順位	国名（受験者数）
01位	シンガポール（456人）	13位	中国（9017人）
02位	フィリピン（6389人）	:	
02位	パキスタン（4258人）	17位	ベトナム（705人）
04位	インド（7万2973人）	18位	カンボジア（76人）
05位	スリランカ（162人）	:	
:		24位	北朝鮮（4203人）
09位	韓国（12万8445人）	25位	日本（7万8635人）
:		26位	アフガニスタン（99人）

3. 所詮 : 결국, 어차피
4. 雲泥の差 : 하늘과 땅 차이, 천양지차
5. 蹴落とす : 차서 떨어뜨리다, 밀어내다, 제치다

　　私も日本に来て３年目となったが、来日直後初めて銭湯[1]に行った日のことを、今も鮮明に覚えている。一緒に住んでいた友達と、「お互いに背中を流そうか」と言いながら、銭湯に向かった。靴を脱いで、ガラガラと木の扉を開けて中に入ると、なんと高い所に50代半ばほどのおばさんが座っているではないか。どうしたらいいのか分からずボーっとしていると、おばさんが私たちに手を出した。その

銭湯

時、やっと「このおばさんにお金を払うんだ」と分かった。友達は呆れた顔で、「こんな所ではお風呂に入れない」と、外に飛び出して行ってしまった。残された私は、「郷に入っては郷に従え[2]」という言葉を思い出し、堂々と中に入った。

　　韓国の銭湯とはまったく違う雰囲気であった。後で分かった事だが、おばさんとその家族が交代で高い所に座って、お金をもらっているらしい。裸の客を見ながら。

---

1. 銭湯：공중목욕탕
2. 郷に入っては郷に従え：로마에 가면 로마법을 따르라.
　　타지에 가면 그 지역의 관습을 따르라는 뜻

せっかく持ってきた垢すり用のタオル[3]を使おうかどうか迷いなが
ら、恐る恐る垢すりをしていたら、なんと隣のおじさんが、「背中を流
してやろう」と声をかけてくるではないか。私はそれがうれしくてたま
らなかった。

　言葉、文化、習慣は少し違うけれど、地球上にこんなに韓国と似てい
る国が他にあるだろうか。近くて遠い国ではなく、近過ぎてその距離を
感じようとしなかったのではないだろうか。垢すり用のタオルと私の背
中をおじさんに預けながら、こんなに温かい人情を、韓国ではなく日本
でも感じられた大切な晩であった。まだこれから何年日本にいるかわか
らないが、とにかくいい経験であった。明日は久しぶりに近所の銭湯に
行ってみようと思う。

3　日本人と付き合う

姜成姫（韓国）

　韓国と日本は地理的にも近く、昔から様々な文化交流があったので、
よく見ると似ているところがあるけれど、意思表示をするときの行動様
式は違うようだ。

　例えば、ある日本人Ａが知り合いの韓国人Ｂを映画に誘おうと思っ
て、電話をした。映画の題名を言って誘うと、Ｂは「それは見たくあり
ません」と一言で断ったそうだ。その後、Ａは「何か悪いことをしたん
だろうか」としばらく考え込んでしまったそうだ。

---

3. 垢すり用のタオル：때밀이 용 타월

また、ある日本人Ｃが知り合いの韓国人Ｄに美術展（びじゅつてん）に誘われた時は、Ｃはあまり美術には興味（きょうみ）がなかったので、「ちょっとその日は都合（つごう）が悪くて……」と断った。すると、Ｄは「じゃ、次の日はどうですか。その次は……」と言ってきたので、ついにＣは断ることができなかったそうだ。

　日本人は自分の行動を決めるに当たって、他人からどう思われるかを気にしたり、他人に影響されたりすることが多い。アメリカ人は自分の意思や意見を直接相手にぶつけて強く自己主張するのに対

し、日本人は相手の気持ちや立場を考えて発言したり行動したりする傾向が強い。また、相手に対しても自分と同様の行動を期待する。さらに、日本人には諾否（だくひ）[1]をはっきり表明しない傾向があるが、これは日本人が単一同質民族（たんいつどうしつみんぞく）であり、摩擦（まさつ）を避（さ）けようとする伝統（でんとう）から来ている。こ

1. 諾否：승낙 여부

れはまた、他人に対する甘えにもつながる。

　人と人が付き合うことは大変なことである。そのうえ、互いに心を開いて付き合うことはもっとも大変なことである。私が出会った日本人の友達は、いくら親しくなったと思っても、自分の悩みは決して打ち明けなかったから、本当に付き合いにくかった。何か間違いとかがあったら、私が謝る前に向こうから謝ってくる。日本人は人から助けられるのを嫌い、何かを頼むとそれが相手に迷惑をかけると考える。

　今の日本の若者たちも少しずつ変わってきているが、もう少し人と付き合うとき、率直に自分の感情を表して、本音²⁾で対応して欲しい。

4 日本に来て感じたこと　　Vany Vindri（インドネシア）

　インドネシアから日本に来て、ちょうど2年が経った。日本に来るのをどんなに楽しみにしていたことか。しかし、日本に来てから心の奥で悩むようなことも出てきた。なぜなら、これは初めての海外留学であり、家族から離れたのも初めてだったからだ。外国語を専攻するということは、その外国語の勉強だけではなく、その国の文化も身につけることが必要だとインドネシアでは考えられている。私自身、日本文化は知っているという自信があった。しかし、日本に来てから驚くことや予想外のことがたくさんあったのである。一番驚いたのは道がわからない時でも、道に迷った時でも、歩いている人に聞くより地図などでちゃ

―――――――――
2. 本音 : 본심, 본심에서 우러나온 말

んと調べたり交番に尋ねたりすることである。それから、一番がっかりしたのは、日本人に声をかけた時に聞こえないふりをされて行かれてしまったことである。日本に来た初日、ホームシックになってインドネシアの友達と一緒に散歩した。途中でアパートに帰ろうと思ったら、道に迷ってしまったことに気づいた。「まだ道をちゃんと覚えてないのに出かけるなんて本当に馬鹿だった。どうしよう。」と自分を責めた。誰かが助けてくれるのではないかと思って、心細い気持ちで「あの、すみません」と歩いていた日

本人に話しかけた。聞こえたのか聞こえなかったのか、返事をしてくれない人もいた。幸いなことに、その時はとても親切なおじいさんがアパートまで案内してくれた。その後、一瞬であったが、「日本人の中にはあまり他の人にかかわりたくない人もいるんだ」と思った。

---

1. ホームシック：향수병

また、急いで道を歩いている日本人の姿は、まるで何かに追われているようだと感じた。今は一人暮らしで家族と離れているせいか、なんとなく自分がその忙しそうな人込みの中で場違い[1]だと感じることもある。それに、日本の一番活気のある都市東京に住んでいて、四方八方を高層ビルに囲まれ、なんだか自分が小さい人間のように感じることもしばしばある。最近気付いたことだが、インドネシアの道はバイクや車のクラクションでいつもうるさい。日本では道を歩いていてもクラクションの音はあまり聞こえない。今はうるさいインドネシアの街が懐かしく感じる。マスクをしてバイクに乗るインドネシア人の姿や、バスに急いで乗る学生の姿、ラッシュアワーで道が込んでいる時、鳴らされる長く大きいクラクションに文句を言うインドネシア人の

---

2. 場違い：그 곳에 어울리지 않음

姿が懐かしいのである。まだ発展していなくても、道はわずらわしくても、インドネシアに帰りたいのである。

　まだまだ電車や道など、日本の生活に慣れていない。それでも、これから日本にいる間は、少しずつその困難を乗り越えて、その人込みの中で胸を張って歩いていけるよう頑張っていこうと思う。

5 野球を通じて学んだこと

晁菘徹（中国）

　私は高校のときから日本に野球留学しに来ました。なぜならば、小学校や中学校のとき、よく日本の野球チームと試合し、勝敗は別として、同じ野球をやっているのに野球に対して、態度や精神などが我々とまったく違うことに気づきました。また、オリンピックやWBCなど世界的な大会で活躍するところを見て、私はそのような野球をやりたいと決意したからです。

　最初は、やはり文化の違いや言葉などですごく辛かったですが、せっかく日本に来られる機会をもらったので、一日でも早く日本での生活や日本の社会に融合[1]出来るように努力しようと決意しました。今では、日本人とのコミュニケーションが簡単にとれるようになりました。私は野球部だったので一般の留学生より日本の文化をさらに深く知ることができる環境でもあったと思います。

　日本人の性格は野球というスポーツが表していると思います。たとえ

---

1. 融合：융합, 융화

ば、グランドや球場に入った時、必ず、挨拶をすることや練習前や練習後はきちんと球場整備することなど日本人にとっては当たり前なことですが、正直驚きました。練習前にきちんとグランド整備し、自分のグラブやスパイクを綺麗にすることによって練習が始まる前に、良い状態で練習に臨めるように心がけています。日本人は準備することを大切にしています。練習が始まってからすぐ自分のすべての力を出せるように、このような細かいところに普段気をつかっています。日本の電車はあまり遅れないこともこのようなことに関係していると思います。なぜならば日本は時間に対してすごく厳しい国であるからです。社会人は遅刻してしまえば、上司に悪いイメージを与えてしまうだけではなく、クビになることも少なくないです。だから、日本の社会ではほとんど10分前に行くことが常識です。私は高校の時に、9時から練習というと、8時には全員グランド集合でした。また練習後も、今日使わせていただいてありがとうという気持ちをグランドに伝え、明日からの練習も怪我なくするために、グランドの整備をきちんとやっています。日本人は非常に最初と最後を大切にすることが分かりました。

　世の中の物事は良い面があれば、必ず、悪い面もあります。たとえば、細かいことにこだわり過ぎて上手くいかない時に、心が落ち着かなく、ストレス発散出来ずに自殺などしてしまうこともよくあると聞きます。

　私たち留学生は日本の文化について良いか悪いかと評価するより良いところをしっかり学び、悪いところには気をつけ、自分もそのようにな

らないように心掛けるべきだと思います。そして、自分の国にとってプラスになることを自分の国に持ち帰るのが我々の責任だと思います。これからも、野球を通じて日本の文化を学んでいきたいと思います。

6 私の目に映る日本のいろいろ

童 民（中国）

日本に留学している私は、よく回りの日本人に「日本と中国で一番違うところは何ですか」と聞かれます。「日本は中国よりサービスがいいです」といつも答えてきました。日本の接客の態度がいいことは世界に知られています。

一体その「おもてなしの心」のどんなところに外国人は感動しているのでしょうか。日本人はサービスがいいことを当たり前だと思っているかもしれませんが、そうではないと日本人も外国へ行ってはじめて気付きます。日本のサービスっていいなと。

日本の多くのファミレス[1]や飲食店にはテーブルにボタンが設置してあって、ボタンを押せば、店員さんが来ます。街中でティッシュがもらえるところなんて、日本ぐらいしかありません。そのほか、忘れ物をしても、ちゃんと戻ってきます。日本ではバスや電車の中で忘れ物をしたら会社側が預かってくれるサービスがあります。そして、乗り物を降りる際は「降りる際には忘れ物にご注意ください」とアナウンスが流れます。しかし、中国のバス、電車の中で忘れ物をしたら、ほぼ戻ってこないでしょう。

私が一番感動したのは、雨の日、お店の店員さんがショッピングバッグに雨よけ[2]のビニールをかけてくれたことです。これで荷物がぬれる心配もありません。こういう小さな配慮が日本らしさではないでしょうか。

---

1. ファミレス：패밀리 레스토랑
2. ～よけ：～막이, ～가림

それ以外にも外国人が感動する日本のサービスの例は挙げきれないほどあります。なぜ日本のサービスがこんなにすばらしいかというと、日本人は自分たちの仕事に誇りと責任を持って働いているからなのではないかと思います。笑顔で接客し、効率的に働くこと、そして丁寧な言葉遣いは日本独自のサービスです。日本のサービスには誇りを持つべきです。

　そしてもうひとつ気になっているのは日本の薄着文化です。日本人は冬でも半そでを着て、半ズボンをはいて歩く子供をよく見かけます。中高生の制服は冬でもミニスカートです。そんな格好で寒くないのか。薄着は本当に体を鍛えるのに役に立つのだろうか。

　日本の保育園はほとんど薄着を強制してはいないそうです。子供は自分の判断で、服を脱いだり着たりします。

　一方、日本にすむ外国人の中には「薄着文化」に戸惑う人もいるようです。「小さいときに体を冷やしていると、年をとってから関節炎などになりやすい。」とか、「日本の学校はなぜ暖かくしないのか不思議だ」など、薄着への考えはそれぞれの家族がもっている文化的な背景によって異なるようです。

　しかし、来日してから理解できない点もあります。日本人が口にする言葉「頑張ります」ということは本気なのか？日本社会のどこでも「頑張ります」を耳にします。私は最初、それはただの決まり文句で、口で言っているだけで、誰も本気ではないと思っていました。ところが、日本に長くいればいるほど、それは本気に違いないということが良くわか

ってきました。自分のほうが甘かったことに気が付きました。それは安全で、美しく、豊かな日本社会を支える裏の人々の必死な努力であって、競争社会の厳しさに対する、私の認識が不十分でした。日本は組織社会なのです。組織から離れた個人は生きていくには大変難しいと思います。組織にいながら、相手にされなかったり、仲間はずれにされたりすることも大変つらいと思います。口先だけで「頑張ります」という人は、組織の中で信用されなくなり、相手にされなくなり、仲間はずれにされる恐れがあります。ですから、日本社会でよく聞かれる「頑張ります」というのは本気だと思うようになりました。

私が見た日本

李華（中国）

　私は2011年7月4日、日本に初めて来た。その日は天気がよくて、澄んだ青い空だったので、とても良い気持ちだったことを覚えている。あれから2年が経った。私は日本のいろいろなことを見てきた。

　まず、一番最初に驚いたのは、靴をはかなくても良いほどきれいな日本の街だ。街がきれいな理由として、ゴミの分別がうまくなされているためではないかと思う。私が日本に来たばかりの頃は、分別の方法がわからなくて、一日ずっとゴミを持っていたが、今ではきちんと分別できるようになった。

　次に日本の交通、道路を見て驚いた。日本の道路は中国よりずっと狭いが、その狭い道には、たくさんの信号があり、人や車は交通ルールに従って動いている。私が実際に見たのは、角を曲がる車は必ず直進する車を待ち、さらに、車は歩く人や自転車に乗る人を優先している。これなら、小学生がひとりで学校に通っても、安心できそうだ。中国では小学生がひとりで学校に通うのは心配される。しかし、日本の地下鉄は入り組んで[1]いて分かりにくいと思うこともあると思う。

　さらに、日本の物価は非常に高いと感じる。私は高いものを買う機会は少ないが、日用食品である野菜、果物、お菓子なども高額なのである。あまり高いので、果物が大好きな私は、比較的安いバナナしか食べることができない。また、日本の交通費も高い。電車であちらこちらに行くのは、お金がないと本当に大変だ。けれど、日本はアルバイトの種

---

1. 入り組む：뒤얽히다, 복잡해지다

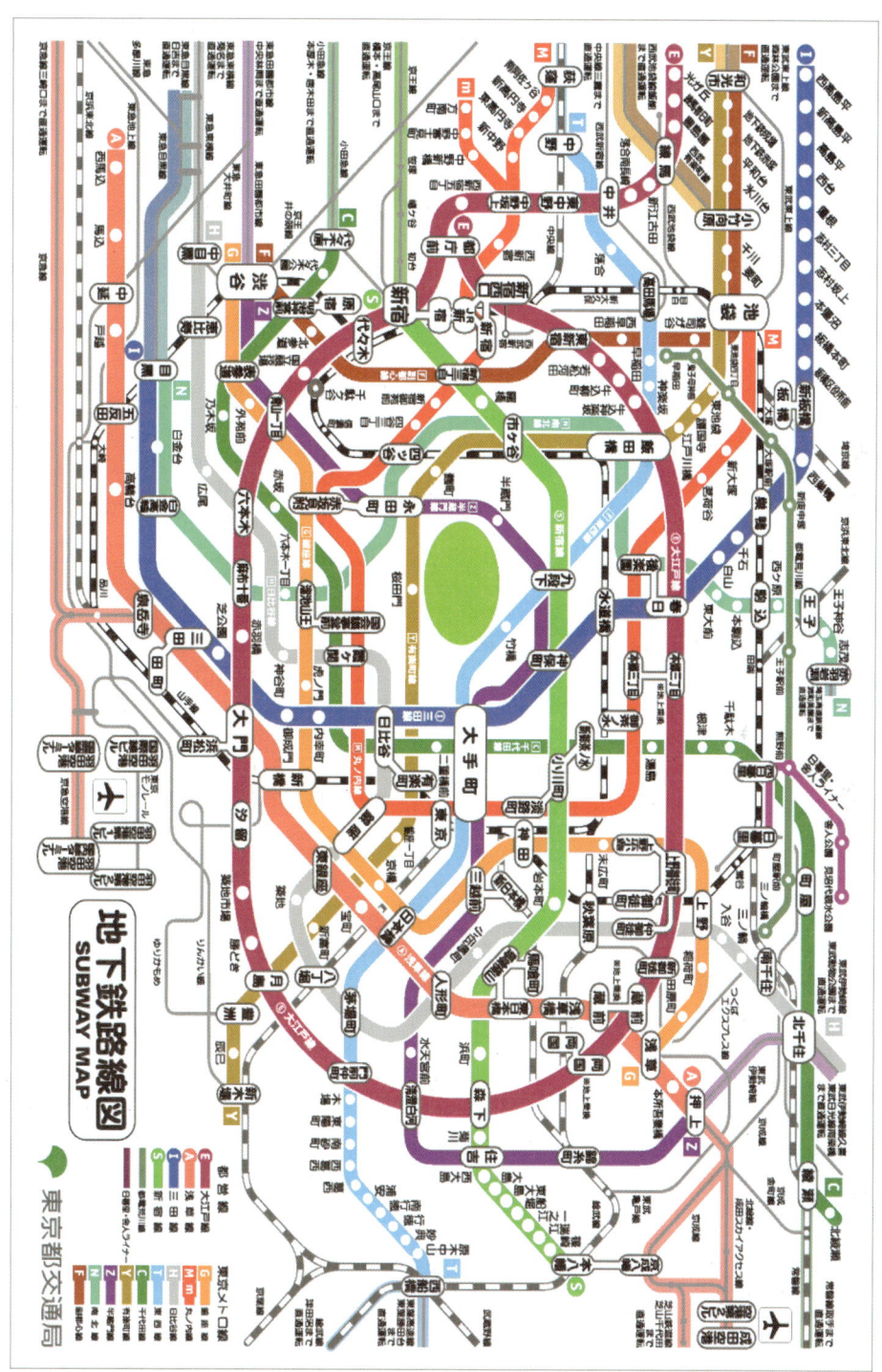

類が豊富なので、正社員でな
くとも、アルバイトだけで、
お金を稼ぐことができる。

　他に、日本人はよく無駄遣
いをすることも感じた。例え
ば、スーパーやコンビニなど
で売っている商品は、まだ食
べることができる物なのに、
期限を少しすぎたら、すぐ捨
ててしまうのだ。私は本当に
もったいないと思っている。

　さらに、日本のサービスは
とても丁寧であり、これは世
界的にも有名である。スーパ
ーやコンビニの店員さんはい
つも笑顔で接客していて、ま
るで悩みがないのではと思っ
てしまうほどである。例え
ば、この間、スーツを買いに
行ったとき、お会計が終わったあと、店員さんが出口まで、見送ってく
れたのだ。あらためて、とても丁寧であると感じた。これは日本人が真
面目であるということにつながる。小さなことでも真面目にやる日本人

は良いと思うが、時々真面目すぎて固いなと思うこともある。もっと簡単なやり方があるのに、日本人は自分が認める方法にしか従わないのだ。これは、アルバイトのときによく思うことである。本当に腹が立つが、それは、しかたがないことである。

　日本にはマナーを重んじたり、真面目であったり、良いところはたくさんある。しかし、それと同時に、悪いところもあるのだ。私は、日本についてもっとたくさんのことを見て、日本を学ばなければならないと思う。

8　日本の生活での理不尽なこと　　ソボミ（韓国）

　私は日本に来て2年になります。まだ慣れていない部分もありますが、少しずつ日本の生活に慣れてきたと思います。

　日本と韓国、近くにあっても全く違う国。日本での生活を話したいと思います。日本は多国籍（たこくせき）の人がたくさんいます。私もその中の一人です。韓国でも外国の人が増えましたが、日本ほど多くありません。近くのコンビニでも外国人がアルバイトをしたり、外国料理屋（りょうりや）もたくさんあります。特（とく）に新大久保（しんおおくぼ）は韓国のようで、ホームシックにはなりません。このように日本にはたくさんの外国人がいるので、日本人は外国人に対する態度がすごく自然です。どこに外国人がいても違和感（いわかん）がなく、日本

は外国人が住みやすい所だと思います。

　日本の生活で面白いと感じたところは、あまり他人を気にしないということです。それは、すごく面白いとか、派手(は)(で)な格好をしてもあまりびっくりしないからです。一方、日本に住んでいて不便な、少し気になることもありました。話したように日本にはたくさんの外国人がいる国にも関(かか)わらず、まだ外国人を差(さ)別(べつ)していることです。どこの国でも外国人は様々なハンディキャップがあるとは思います。私は日本には、そのようなハンディキャップがないイメージでしたが、まだ外国人

不動産屋

借家

に対する差別があると感じました。例えば、部屋を借りる時や、携帯電(けいたい)話の契約(けいやく)など、一番基本となるものの契約が難しいということです。私は、外国人も日本人も同じお金を払って使うものなのに、なぜ外国人は

できないことが多いのだろうかと、疑問に感じます。

　特に私の場合、大変だったのは部屋を借りる時です。お金を払おうとしているのに外国人というだけで、部屋を借りられない。もし借りられたとしても値段が高くなるなど、持ち主の気持ちが分からないわけではないのですが、ただ外国人だからといって借りられないというのは、少しがっかりしました。

　また、サービス業に関しては、日本はマニュアルシステムで、決まったことには答えられるが、それ以外のことには答えられないということを聞いたことがあります。私が感じたことは、求めていることに対して正確な答えがなかったり、担当の人でなくてもできることを他の人ができないことに色々理不尽なことを感じました。その中で、本人でなくてもできるだろうなと思ったことはお金の支払いです。誰が払っても同じことなのにできないということもありました。私は韓国育ちで日本の文化をまだよく理解できていないと思いますが、このようなことは理解に苦しみます。

　これからの日本の留学生活、良いことも悪いこともあると思いますが、何事も楽しく考えていきたいと思います。

日本史略年表		世界史略年表	
年	出来事	年	出来事

古代

BC8000頃	縄文時代[1]に入る	BC3000頃	四大文明が栄える
		BC550頃	ギリシア文化が栄える
		BC500頃	仏教が興る
BC300頃	弥生時代[2]に入る	BC334	アレクサンダー大王の遠征開始
		BC272	ローマ、イタリア半島統一
		BC221	秦、中国統一
		BC202	漢、中国統一
		BC27	ローマ、帝政を開始

---

1. 縄文時代：旧石器時代と弥生時代の間。前14,000年頃から前300年頃まで。
2. 弥生時代：前300年頃から紀元250年頃まで。

57	倭の奴国王が中国(後漢)に使いを送り、金印を受ける	25	光武帝、後漢を興す
239	邪馬台国[3]女王卑弥呼が中国(魏)に使いを送る	280	晋の中国統一

古墳時代[4]

350	大和朝廷成立	375	ゲルマン民族大移動
391	倭が高句麗と戦う	395	ローマ帝国東西分裂
479	倭王武が中国(南朝)に使いを送る	476	西ローマ帝国滅亡

飛鳥時代[5]

593	聖徳太子が摂政となる	589	隋の中国統一
604	十七条の憲法ができる	610	マホメット、イスラム教を唱える
607	・小野妹子[6]を隋に派遣する ・法隆寺[7]建立	618	唐朝成立(隋の滅亡)
630	第一回の遣唐使[8]を派遣する		
645	大化の改新が行われる		
672	壬申の乱[9]	676	新羅、朝鮮半島統一
701	大宝律令[10]ができる		

---

3. 邪馬台国：2世紀後半から3世紀にかけて日本にあった国家。
4. 古墳時代：3世紀中期から7世紀頃まで。
5. 飛鳥時代：推古天皇時代(592～628)前後の時代。
6. 小野妹子：推古天皇時代の官僚。
7. 法隆寺：奈良県斑鳩町にある聖徳宗の総本山。

8. 遣唐使：日本から唐に派遣された公式使節。
9. 壬申の乱：天智天皇の息子、弘文天皇(大友皇子)と天智天皇の弟、大海人皇子との皇位継承を巡る戦い。大海人皇子が勝って即位し、天武天皇となる。
10. 大宝律令：古代の基本法典。

奈良時代

710	奈良に平城京ができる		
712	『古事記[1]』完成		
720	『日本書紀』完成		
727	渤海[2]の使いがはじめてくる		
743	墾田永年私財法[3]がでる		
752	東大寺大仏の開眼		
759	『万葉集[4]』完成		

平安時代

794	桓武天皇[5]によって京都に平安京ができる	800	カール1世の戴冠
805	最澄が天台宗を伝える		
806	空海が真言宗を伝える	843	フランク王国3分割
894	遣唐使の廃止		
905	『古今和歌集[6]』完成	907	唐の滅亡
996	『枕草子[7]』（清少納言[8]）	960	宋の中国統一

1. 古事記：古代日本の歴史書。3巻。
2. 渤海：中国東北部、ロシア沿海州、朝鮮半島北部を領土としたツングース系の国家。
3. 墾田永年私財法：743年に発布された土地法。
4. 万葉集：20巻から成る古代日本の詩集。
5. 桓武天皇(737～806)：第50代天皇。平安遷都を実行。
6. 古今和歌集：最初の和歌集。20巻。
7. 枕草子：清少納言作の随筆集。3巻。
8. 清少納言：平安中期の女流作家。
9. 紫式部：平安中期の女流作家。
10. 藤原道長(966～1027)：平安中期の貴族。摂政、関白を歴任。

1008頃	『源氏物語』（紫式部[9]）	962	オットー1世の戴冠、神聖ローマ帝国の成立
1016	藤原道長[10]、摂政となる		
1053	平等院鳳凰堂[11]完成	1054	キリスト教会東西分裂
1086	白河上皇が院政をはじめる	1066	ノルマン朝のイギリス征服
		1096	十字軍遠征始まる
		1099	エルサレム王国樹立
1167	平清盛[12]、太政大臣になる	1127	宋の滅亡、同年南宋成立
1175	法然が浄土宗を唱える	1140	ポルトガル王国の成立
1180	源平の争乱始まる		

鎌倉時代

1185	源義経[13]、壇ノ浦[14]の戦いで平氏を滅ぼす		
1191	栄西が臨済宗をひろめる		
1192	源頼朝[15]、征夷大将軍[16]となり、鎌倉幕府を成立		
1203	北条時政[17]、執権になる		

11. 平等院鳳凰堂：京都の平等院にある阿弥陀堂。
12. 平清盛(1118～1181)：平安末期の武士。武士として初の太政大臣。
13. 源義経(1159～1189)：平安末期の武士。源頼朝の弟。平氏討滅に活躍。
14. 壇ノ浦：山口県下関市にある海岸地域。
15. 源頼朝(1147～1199)：平安末期から鎌倉初期の武士。鎌倉幕府初代将軍。

16. 征夷大将軍：もともとは蝦夷征討のために派遣された将軍の称号だったが、幕府の主宰者の称号となる。
17. 北条時政(1138～1215)：平安末期から鎌倉初期の武士。源頼朝の舅。鎌倉幕府初代執権。

1205	『新古今和歌集』（藤原定家[1]）	1206	チンギス・ハンの蒙古統一
1219	源氏の滅亡	1215	イギリス、ジョン国王がマグナ・カルタを配布
1224	親鸞が浄土真宗をひらく		
1252	日蓮が日蓮宗をひらく	1271	・フビライ・ハン、元を建国 ・マルコ・ポーロ、東方旅行に出発
1274	文永の役（第1回蒙古襲来）	1279	元[2]の中国統一
1281	弘安の役（第2回蒙古襲来）	1302	フランス三部会の召集
1321	後醍醐天皇[3]、親政を始める		
1330	『徒然草[4]』（吉田兼好[5]）		

室町時代

1333	鎌倉幕府滅亡	1338	英仏百年戦争始まる
1334	建武の新政が行われる		
1336	南北朝の分立		
1338	足利尊氏[6]が征夷大将軍になる	1347	ヨーロッパでペストの大流行
1378	足利義満[7]が幕府を京都に移す	1368	中国に明朝成立

1. 藤原定家(1162～1241)：平安末期から鎌倉初期の貴族、歌人。
2. 元寇：1274年(文永の役)と1281年(弘安の役)の2度にわたって襲来した元との戦争。
3. 後醍醐天皇(1288～1339)：第96代天皇。建武の新政を実行。
4. 徒然草：吉田兼好作の随筆集。2巻。
5. 吉田兼好(1283頃～1352以降)：詩人、随筆家。
6. 足利尊氏(1305～1358)：鎌倉末期から室町初期の武士。室町幕府初代将軍。
7. 足利義満(1358～1408)：尊氏の孫。室町幕府3代将軍。南北朝合一を実現。
8. 勘合貿易：倭寇や私的な貿易を根絶させるために、明から室町幕府に与えられた勘合符を持って

年	できごと（日本）	年	できごと（世界）
1391	南北朝が合一	1392	李氏朝鮮成立
1397	足利義満が金閣寺を建てる		
1404	明との勘合貿易[8]を開始	1453	東ローマ帝国（ビザンツ帝国）の滅亡
1467	応仁[9]の乱がはじまる	1455	グーテンベルク、聖書を活字印刷
1483	足利義政が銀閣寺を建てる	1479	スペイン王国の成立
1488	加賀[10]に一向一揆[11]がおこる	1492	コロンブス新大陸到着
1543	ポルトガル船が種子島につき、鉄砲が伝わる	1517	ルターの宗教改革
1549	ザビエル、キリスト教を伝える	1534	英国国教会成立
		1558	英国にエリザベス女王が即位

安土・桃山時代

年	できごと（日本）	年	できごと（世界）
1560	桶狭間の戦い[12]で織田信長が今川義元を破る		
1568	織田信長[13]、入京	1568	オランダ独立戦争の開始
1573	室町幕府滅亡		
1582	・本能寺の変で織田信長が自害 ・豊臣秀吉[14]が明智光秀[15]を倒す	1581	オランダ独立宣言
1588	豊臣秀吉が刀狩令[16]を発する	1588	イギリスがスペイン無敵艦隊を破る

いる貿易船のみに貿易させるもの。
9. 応仁の乱(1467〜1477)：足利将軍家と斯波、畠山の両管領家の相続問題を契機として京都を中心に戦われた内乱。
10. 加賀：旧国名の一つ。石川県南部。
11. 一向一揆：日本各地で起こった一向宗(浄土真宗)を奉じた農民反乱。
12. 桶狭間の戦い：1560年に京都に進軍中の今川義元を織田信長が奇襲して打ち取った戦い。
13. 織田信長(1534〜1582)：戦国時代の武将。天下統一を目前にして本能寺の変で死亡。
14. 豊臣秀吉(1537〜1598)：戦国時代の武将。織田信長の家臣だったが、明智光秀を討った後、統一事業を継承して、1590年に天下統一。
15. 明智光秀(1528〜1582)：織田信長の家臣。本能寺の変で信長を殺害し、山崎の戦いで秀吉に敗れる。
16. 刀狩令：武士以外の武器所有を禁じた法令。

1590	豊臣秀吉、全国統一		
1592	文禄の役[1]		
1597	慶長の役[2]		

江戸時代

1600	関ヶ原の戦い[3]	1600	イギリス東インド会社の設立
1603	徳川家康[4]が征夷大将軍となり、江戸幕府を開く	1603	イギリス、エリザベス女王没
1612	禁教令が発せられる		
1615	・大阪夏の陣で豊臣氏が滅ぶ ・武家諸法度の制定	1618	ドイツ三十年戦争勃発
1637	島原の乱[5]がおこる		
1639	オランダ以外の国の入国を禁止	1640	イギリス、ピューリタン革命
1641	鎖国の完成	1644	清の中国支配開始
1688	元禄時代[6]が始まる（−1704）	1688	イギリス名誉革命
1689	『奥の細道』が松尾芭蕉によって書かれる	1689	イギリス、権利の章典の成立
1716	・徳川吉宗が将軍となる ・享保の改革の開始	1701	スペイン継承戦争

1. 文禄の役：豊臣秀吉が明の征服を目的に朝鮮に出兵した侵略戦争。
2. 慶長の駅：豊臣秀吉が文禄の役で明と和議をしたのち、明使のもたらした表文をめぐって再び慶長2年（1597）正月に朝鮮に出兵した戦役。翌年秀吉の死後に撤兵した。

3. 関ヶ原の戦い：徳川家康を中心とする東軍と石田三成を中心とする西軍によって1600年秋に関ヶ原（岐阜県）で行われた戦い。東軍が勝利し、江戸幕府成立につながる。
4. 徳川家康(1542〜1615)：戦国時代から江戸初期の武士。江戸幕府初代将軍。

1732	享保の大飢饉	1740	オーストリア継承戦争
1783	天明の大飢饉	1756	英仏七年戦争の開始
		1776	アメリカ独立宣言
1787	・松平定信が老中筆頭となる ・寛政の改革の開始	1789	フランス革命勃発
		1804	ナポレオン、皇帝となる
		1814	・ナポレオン失脚 ・ウィーン会議
1825	異国船打ち払い令が出る	1821	ギリシアの独立宣言
		1830	フランス七月革命
1832	天保の大飢饉		
1833	『東海道五十三次』が歌川広重によって描かれる		
1837	大塩平八郎[7]の乱		
1841	水野忠邦が天保の改革を開始	1840	英＝清アヘン戦争
1853	ペリーが浦賀に来航	1848	フランス二月革命
1854	日米和親条約を結ぶ	1851	太平天国の動乱
1858	安政の大獄がおこる		

5. 島原の乱：1637年から翌年まで長崎県と熊本県で
　起こったキリスト教徒による農民反乱。
6. 元禄時代：江戸前期の元禄年間(1688〜1704)を中
　心とした時代。
7. 大塩平八郎(1793〜1837)：江戸後期の武士、陽明
　学者。

年	日本	年	世界
1860	桜田門外の変で、大老・井伊直弼が暗殺される	1861	・アメリカ南北戦争はじまる ・イタリア王国の成立
1863	薩英戦争[1]		
1864	英仏米蘭の四国連合艦隊による下関砲撃		
1866	薩長同盟[2]成立		
1867	徳川慶喜[3]が大政奉還[4]	1867	北ドイツ連邦成立

明治時代

年	日本	年	世界
1868	明治維新[5]・王政復古 ・五箇条の御誓文の発布		
1869	東京遷都	1869	アメリカ大陸横断鉄道の完成
		1870	普仏戦争はじまる
1871	廃藩置県[6]の実施	1871	ドイツ帝国の成立
1872	・新橋-横浜間に汽車が開通 ・学制発布 ・太陰暦を廃して太陽暦を採用 ・徴兵令が発布される		
1873	・キリスト教信仰の解禁 ・野球の伝来	1876	ベル、電話を発明する
1877	・西南戦争[7]がはじまる ・東京大学が設立される ・電話の伝来	1877	英領インド帝国が成立する

1. 薩英戦争：1862年の生麦事件の報復として翌年に鹿児島湾に現れた英艦隊と薩摩藩との戦争。
2. 薩長同盟：1866年の第二次長州征伐を前に結ばれた薩摩藩と長州藩の同盟。
3. 徳川慶喜(1837～1913)：江戸幕府15代将軍。最後の将軍として大政奉還を実行。
4. 大政奉還：1867年11月9日に徳川慶喜が政権を朝廷に返還した。
5. 明治維新：19世紀後半に武士の時代を終わらせ、中央集権統一国家を建設し、富国強兵を目指した政治・社会的変革過程。
6. 廃藩置県：1871年7月、日本全国の藩を廃止して府県を設置。

年	日本のできごと	年	世界のできごと
1879	沖縄県ができる		
1885	太政官制度を廃し、内閣制度を制定する		
1889	大日本帝国憲法が発布される		
1890	・第一回帝国議会 ・東京－横浜に電話が開通		
1894	日清戦争はじまる	1896	アテネで第一回オリンピック開催
1902	日英同盟が締結される	1900	中国、義和団の乱がおこる
1904	日露戦争はじまる		
1905	夏目漱石[8]『我輩は猫である』		
1910	朝鮮併合条約が調印される		
1911	関税自主権を獲得	1911	中国、辛亥革命

大正時代

年	日本のできごと	年	世界のできごと
1914	第一次世界大戦に参戦	1914	第一次世界大戦勃発
1915	芥川龍之介[9]『羅生門[10]』	1917	ロシア革命
		1918	ドイツ革命
		1920	国際連盟発足

---

7. 西南戦争：1877年、明治維新の立役者、西郷隆盛
(1827〜1877)を中心に鹿児島で起こった士族の反乱。
8. 夏目漱石(1867〜1916)：小説家、英文学者。
9. 芥川龍之介(1892〜1927)：小説家。
10. 羅生門：芥川龍之介作。1915年発表。

		1921	ワシントン会議
1923	関東大震災[1]	1922	ソビエト連邦成立
1924	メートル法[2]の実施		
1925	・普通選挙法の公布 ・川端康成[3]『伊豆の踊子』		

昭和時代

1927	・金融恐慌 ・上野ー浅草に地下鉄開通	1928	パリ不戦条約
		1929	暗黒の木曜日、世界恐慌が始まる
1931	満州事変	1930	・ロンドン軍縮会議 ・インド、ガンジーが不服従運動を指導する
1932	五・一五事件[4]、犬養毅が狙撃される	1932	・ドイツ、ナチスが政権を獲得 ドイツ、国際連盟および軍縮会議からの脱退を宣言
1933	国際連盟から脱退する	1933	ドイツ、ヒトラー首相就任
1934	プロ野球が始まる	1934	ヒトラー、総統就任
		1935	・ヒトラーが再軍備を宣言 ・イタリアのエチオピア侵略
1936	二・二六事件[5]	1936	・スペインで内乱起こる ・イタリア、エチオピアを併合

1. 関東大震災：1923年9月1日に関東地方を中心に起こった大地震。
2. メートル法：メートル(m)を基本単位とし、10進法を使った国際的な単位。1795年にフランスで度量衡の単位として制定。
3. 川端康成(1899〜1972)：小説家。1968年に『雪国』でノーベル文学賞受賞。
4. 五・一五事件：1932年5月15日、農村の窮乏、政治の腐敗に憤った海軍青年将校らが右翼とともに起こした反乱。犬養毅(1855〜1932)らを殺害。
5. 二・二六事件：1936年2月26日に陸軍青年将校らが起こした反乱。

1937	・日中戦争はじまる ・日独伊防共協定[6)]が成立	1937	イタリアが国際連盟から脱退
		1939	第二次世界大戦の勃発
1940	日独伊三国軍事同盟が成立		
1941	太平洋戦争勃発	1941	・独ソ戦開始 ・太平洋戦争はじまる
1942	ミッドウェー海戦[7)]	1943	イタリアが降伏
		1944	連合軍ノルマンディー上陸
1945	・広島・長崎に原爆が投下される ・ポツダム宣言を受け、降伏する	1945	・ドイツ、日本が降伏し、終戦 ・ポツダム宣言が発せられる ・国際連合が成立する
1946	・天皇の神格否定宣言 ・日本国憲法の公布	1948	イスラエル建国
1949	湯川秀樹がノーベル物理学賞を受賞	1949	中華人民共和国成立
		1950	朝鮮戦争はじまる
1952	ベニス映画祭で、『羅生門』グランプリを受賞		
1953	テレビ放送開始		
1956	日本、国際連合に参加	1957	ソ連が人口衛星の打ち上げに成功
		1959	キューバ革命
		1961	ベルリンの壁が作られる

---

6. 日独伊防共協定：1937年、共産主義への防衛を目
   的にローマで調印された日本、ドイツ、イタリア
   間の三国協定。
7. ミッドウェー海戦：1942年6月5日、中部太平洋の
   ミッドウェーで戦われた日米海軍の海戦。

		1962	キューバ危機
		1963	・核実験停止条約が結ばれる ・ケネディ米大統領が暗殺される
1964	・東京オリンピックが開催される ・東海道新幹線が開通	1965	米、北ベトナムに爆撃開始
		1967	EC発足
1968	学生運動が激化	1969	アポロ11号月面着陸
1972	沖縄が日本に復帰	1973	・第4次中東戦争 ・ベトナム戦争終結
		1975	ベトナム全土統一
1978	日中平和友好条約調印	1978	イラン革命
		1980	イラン・イラク戦争はじまる
1985	日航ジャンボ機墜落事故	1986	米スペースシャトル「チャレンジャー」爆発

平成時代

1989	昭和天皇崩御	1989	ベルリンの壁崩壊
1990	今上天皇、即位の礼	1990	・東西ドイツ統一
1992	PKO協力法成立	1991	・湾岸戦争はじまる ・ソビエト連邦解体
		1992	EU条約調印

1994	関西国際空港開港	1994	北朝鮮、金日成、没
1995	阪神・淡路大震災[1]	1995	ベトナムがASEANに加盟
		1997	・英領香港、中国に返還 ・英、ダイアナ妃、事故死
1998	長野冬季オリンピック開催	1998	
2001	小泉政権始まる(〜2006)	2001	米で同時多発テロ
2002	サッカーW杯日韓大会開催	2003	イラク戦争開始
2004	新潟県中越地震	2004	インドネシア・スマトラ島沖地震
		2006	北朝鮮、初の核実験
2009	民主党政権誕生		
2011	東日本大震災[2]		

1. 阪神・淡路大震災：1995年1月17日に兵庫県や大阪
府を中心に起こった大地震。
2. 東日本大震災：2011年3月11日に東北地方東海岸を
中心に起こった大地震。

현대 일본 사정과 문화

2014. 4. 28. 1판 1쇄 인쇄
2014. 5. 5. 1판 1쇄 발행

저자와의
협의하에
인지생략

지은이 │ 신경호
펴낸이 │ 이종춘
펴낸곳 │ BM 성안당

주소 │ 121-838 서울시 마포구 양화로 127 첨단빌딩 5층(출판기획 R&D 센터)
         413-120 경기도 파주시 문발로 112(제작 및 물류)
전화 │ 02) 3142-0036
         031) 955-0511
팩스 │ 031) 955-0510
등록 │ 1973.2.1 제13-12호
출판사 홈페이지 │ www.cyber.co.kr
ISBN │ 978-89-315-1781-1 (08730)
정가 │ 18,000원

이 책을 만든 사람들
기획 │ 최옥현
진행 │ 서대종
전산편집 │ 안성민
표지 │ 윤대한
홍보 │ 전지혜
마케팅 │ 구본철, 차정욱, 채재석, 강호묵
제작 │ 김유석